LA
SAGESSE DES ENFANTS

PROVERBES

ÉCRITS ET ILLUSTRÉS

PAR GEORGES FATH

(100 VIGNETTES SUR BOIS)

PARIS
LIBRAIRIE DE L. HACHETTE ET Cie
BOULEVARD SAINT-GERMAIN, Nº 77

PRIX : 2 FRANCS

LA

SAGESSE DES ENFANTS

IMPRIMERIE GÉNÉRALE DE CH. LAHURE
Rue de Fleurus, 9, à Paris

C.

LA
SAGESSE DES ENFANTS

PROVERBES

ÉCRITS ET ILLUSTRÉS

PAR GEORGES FATH

(100 VIGNETTES SUR BOIS)

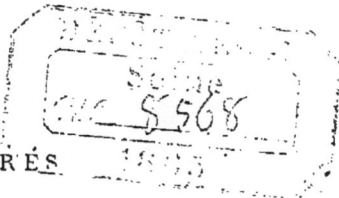

———— ·◈· ————

PARIS
LIBRAIRIE DE L. HACHETTE ET Cⁱᵉ

BOULEVARD SAINT-GERMAIN, N° 77

—

1865

Droit de traduction réservé

A MON FILS RENÉ

A MON FILLEUL ROBERT MÔRE

ET A MES PETITS AMIS

RENÉ DESCLOSIÈRES, MARGUERITE DE DIONNE

ET MADELEINE LOUIS.

QUI DORT

LA GRASSE MATINÉE

TROTTE TOUTE LA JOURNÉE.

1

QUI DORT
LA
GRASSE MATINEE
TROTTE TOUTE LA JOURNÉE

Il y avait une adorable petite souris dont la blancheur égalait celle de l'hermine. Ses yeux et l'extrémité de ses pattes, seuls, étaient d'un rose tendre ; aussi, sa mère qui l'aimait à en devenir folle, l'avait-elle nommée Blanchette. — Blanchette était une souris de race élégante, une souris demoiselle en un mot. Mais comme les souris du meilleur monde naissent ainsi que les souris du commun, sans la moindre fortune, Blanchette devait dès sa sortie de nourrice travailler pour vivre. — Or, elle avait un bien grand défaut, celui d'être

paresseuse, très-paresseuse. Sa mère avait beau
l'éveiller à l'heure où les souris ont coutume de
se lever pour courir à leurs affaires, elle ne pouvait parvenir à l'arracher de son trou.

« Oui maman ! tout à l'heure ! » répondait

Blanchette dans son langage de souris ; puis elle
étirait pendant si longtemps ses petites pattes
roses, se frottait si complaisamment les yeux, enfin
s'occupait tant et tant de sa petite personne, que
sa mère, au retour de ses courses, la trouvait tou-
ours au point où elle l'avait laissée. La mère-
souris était un peu faible, car tout en la grondant
du bout des lèvres, elle lui donnait alors une petite croûte de pain blanc qu'elle avait réservée sur
sa propre nourriture, et cela parce que l'heure
d'aller à la maraude dans les rues de Paris étant
passée, Blanchette eût couru les plus grands dangers à s'y aventurer. Cependant comme la mère-
souris vit bientôt que sa tendresse ne faisait qu'en-

courager Blanchette dans sa nonchalance, elle lui
dit un beau matin :

« Ma chère fille, si demain je mourais d'apo-
plexie, d'une fluxion de poitrine, ou bien encore
de la dent du chat, vous péririez, vous, indubita-
blement de faim, faute de savoir aller aux provisions. Il faut donc vous habituer au plus vite à
chercher quotidiennement votre pitance.... Ne
l'oubliez pas, car cette croûte de pain est la dernière que vous aurez reçue de votre mère. »

Blanchette ne s'effaroucha guère de ces paroles,
elle se dit que sa mère avait toujours été si bonne
pour elle, qu'elle reviendrait bien certainement
sur sa détermination. Elle se trompait cette fois.
La mère-souris qui craignait de se laisser attendrir
par la gentillesse de sa fille, ne rentra point ce
jour-là dans son logis, elle alla dormir et dormir
assez mal, car elle était inquiète, dans un vieux
schako de garde national qu'elle trouva dans le
grenier de la maison voisine. On sait que les souris
ont le grand avantage de pouvoir passer d'une maison dans une autre rien qu'en suivant les gout-
tières. Blanchette attendit donc inutilement sa
mère, et non-seulement sa mère, mais encore la
nourriture dont elle commençait à avoir grand besoin. La pauvre petite souris blanche allait à
chaque instant au bord de son trou, prêtait anxieu-
sement l'oreille à tous les bruits.... puis après

avoir attendu ainsi de longues heures, elle demeura certaine qu'il était arrivé un grand malheur à sa mère. La faim, et la tristesse autant que

l'inquiétude la tinrent éveillée plus longtemps qu'à
l'ordinaire, mais comme le sommeil agit impé-
rieusement sur les jeunes êtres, elle finit tout naturellement par y succomber.

Blanchette, dont c'était d'ailleurs la mauvaise
habitude, ne s'éveilla que fort tard le lendemain.
Il lui fallut, malgré tous les chagrins de la veille
qui lui revinrent à l'esprit, aller chercher à manger, tant sa faim devenait intolérable.

Sortir en plein jour et en plein Paris, car Blanchette logeait aux environs du Louvre, n'était pas
chose bien prudente, mais il n'y avait plus à hési-

ter. Elle s'élança donc bravement hors de son trou dont l'orifice se trouvait au fond d'une salle à manger, derrière un admirable buffet en chêne sculpté.... Elle comprit cependant avec son instinct de souris qu'il ne suffisait point d'aller droit devant soi, et qu'il fallait d'abord s'orienter, autant pour retrouver son gîte que pour ne pas faire une campagne inutile.... Sa mère l'avait d'ailleurs souvent entretenue de la conduite qu'une souris devait tenir dans le monde, et tous ses discours, autrefois dédaignés lui revenaient à la mémoire au moment décisif. Blanchette réfléchissait donc au chemin qu'il lui fallait prendre quand elle aperçut tout à coup un énorme chat noir, un vrai Lucifer de chat, lequel dormait effrontément sur une chaise. Si la pauvre souris n'eût eu que deux pattes, elle serait infailliblement tombée à la renverse, tant son effroi fut grand en apercevant si près d'elle ce formidable ennemi de sa race. Elle resta debout, mais elle ne put toutefois se maîtriser assez pour retenir un faible cri.

Ce cri fit bondir le chat noir qui ne dormait jamais que d'un œil et d'une oreille. Blanchette était irrévocablement perdue si l'imminence du danger ne lui eût rendu sa présence d'esprit, et si une porte mal jointe par en bas, ne lui avait en même temps permis de s'enfuir à toutes pattes dans l'antichambre.

Le chat noir avait pris trop d'élan, il vint donner de la tête dans cette porte, et paya sa férocité d'une

bosse au front, ce qui le fit jurer comme un matou de cabaret.

Blanchette passa rapidement de l'antichambre dans la cuisine, où elle fut de nouveau effrayée par une grosse servante, enrhumée du cerveau, et qui éternuait comme un cheval. Au premier éternuement, la souris avait grimpé sur l'évier ; au second, elle s'était enfoncée dans le trou de ce même évier, si bien qu'en quelques secondes, après avoir ramoné avec son corps le tuyau conducteur des eaux ménagères, elle s'était trouvée dans une rigole couverte qui aboutissait à la rue. La robe de la pauvre Blanchette s'était bien salie dans cette descente aussi forcée qu'imprévue.... Mais que lui importaient ces souillures? elle était libre et sauvée. Elle le croyait du moins.

D'abord étourdie de sa chute, elle avait peu à peu

regardé autour d'elle pour s'assurer qu'elle était en lieu sûr. Puis elle s'avança avec une lenteur circonspecte afin de savoir ce qui se passait dans la rue. Elle fut effarée en apercevant le nombre infini de personnes qui circulaient en tous sens. C'était la première fois qu'elle assistait à ce spectacle et elle se demanda si vraiment les souris étaient dans l'obligation de chercher leur nourriture à travers tout ce monde. Blanchette tenait ses yeux obstinément fixés sur un reste de tartine qu'un petit écolier venait de jeter dédaigneusement à quelques pas de sa retraite.... Elle pouvait l'atteindre en quelques secondes, mais il fallait s'élancer à découvert, et elle appréhendait d'être vue, poursuivie et peut-être écrasée. « Si je voyais trottiner d'autres souris, se disait-elle, cela me donnerait du courage, et je ferais bien certainement comme elles; mais je n'en vois aucune.... Cependant je ne puis me laisser mourir de faim, » ajoutait-elle après un instant de réflexion, et elle faisait un pas en avant.... Mais tout à coup un gros vilain soulier, dont la semelle cloutée manœuvrait brutalement sur le trottoir, l'obligeait à retourner prestement dans sa rigole. L'instant d'après, la route étant libre, elle s'élançait de nouveau vers le débris de tartine qu'elle convoitait, mais une voiture monstrueuse, traînée par deux chevaux percherons (c'était un omnibus), débusquant de la rue voisine, la frappa d'une indicible terreur. Jamais elle n'avait rien vu de si énorme, ni rien entendu qui fît un vacarme pareil. Elle retourna dans sa rigole, et si vite, qu'elle trébucha sur une écaille d'huître, roula comme une boule, queue et pattes par dessus tête, et le tout fort emmêlé.

Le malheureux morceau de pain était toujours là excitant, exaspérant son appétit. Blanchette le regardait avec mélancolie, espérant qu'une occasion de le saisir se présenterait enfin. Elle se repaissait de cette chimère, quand un gros chien

vint à passer et avala la petite tartine d'une seule
bouchée.

Ce fatal incident la mit au désespoir, car cette
seule bouchée l'eût fait vivre pendant trois jours
au moins. Qu'allait-elle devenir? Elle en vint à
penser que sa mort était inévitable, et qu'elle ferait mieux de l'attendre avec résignation. Elle se

livrait à ces pénibles réflexions quand elle aperçut
tout à coup, et cela lui fit l'effet d'une gracieuse
vision, une petite croûte de fromage, placée si près
d'elle qu'elle n'avait qu'à étendre la patte pour
s'en emparer. Dieu la lui envoyait, sans doute, et
vous pensez qu'elle se hâta d'y mettre les dents.

La pauvre Blanchette trouva le fromage excellent, bien qu'il fût un peu malpropre, tant son appétit était aiguisé par une longue abstinence. Ce n'était que du faux gruyère, mais elle le trouvait supérieur au vrai qu'elle avait grignoté en des jours meilleurs.

Hélas! la pauvre Blanchette devait être jusqu'au bout punie de sa paresse; car elle n'était guère qu'à la moitié de son repas, quand un torrent d'eau de toilette, envahissant sa rigole, la balaya comme un fétu de paille au milieu de la voie publique, où elle demeura aux trois quarts asphyxiée. Elle ne rouvrit les yeux au bout de quelques minutes que pour se voir tourmentée par un groupe d'enfants, qui, la croyant morte, la retournaient avec de petits bâtons.... Ce nouveau danger était non moins sérieux que les autres, car les drôles pouvaient l'écraser d'une seconde à l'autre, et, à leur défaut, la première voiture qui passerait devait en faire autant.

Blanchette se ramassa donc sur elle-même et s'élança hors du groupe avec la promptitude d'un éclair.

Les enfants, muets d'étonnement, car nul n'avait vu la route qu'elle avait prise, se dispersèrent bientôt en éclatant de rire.

Blanchette qui avait eu l'adresse de leur échapper, eut encore celle de se glisser dans la boutique

d'un épicier, trop occupé pour l'apercevoir. Elle se
faufila immédiatement derrière plusieurs tonneaux
remplis de légumes secs, puis alla se loger à portée
d'une belle rangée de pains de sucre.

L'endroit était merveilleusement choisi et Blanchette s'applaudissait d'avoir trouvé ce refuge. Ses

petits yeux roses se remplissaient d'admiration en
considérant cette réunion, cet amas, cette diversité
de choses toutes excellentes à manger. Elle s'y
complaisait tellement qu'elle finit par s'oublier
au point de se mettre en évidence sur le sommet
du plus gros pain de sucre de l'établissement.

L'épicier qui avait fini de servir sa pratique jetait

en ce moment des regards de satisfaction sur ses marchandises, vous pensez qu'il ne fut pas long-temps sans apercevoir l'imprudente souris.

Son gros œil rond s'écarquilla outre mesure à

cette vue, et saisissant un manche à balai placé près de lui, il s'élança sur Blanchette. Son mouve-ment avait été si prompt que Blanchette eut à peine le temps de se rejeter en arrière pour éviter le ter-rible bâton, qui, faute de mieux, fit voler en éclats le piédestal qu'elle venait de quitter. Le résultat de cette fausse manœuvre ne fit qu'augmenter la colère de l'épicier, homme aussi orgueilleux que bien nourri. Loin de revenir à de meilleurs senti-ments envers la gentille visiteuse, il bondit de nou-veau à sa poursuite. Mais sa précipitation fut telle

qu'à sa première enjambée, il trébucha entre trois
balles de café et un pot de mélasse, les renversa,
tomba dessus, accrochant, de surcroît, avec son
manche à balai, une demi-douzaine de bocaux remplis de bonbons qui lui dégringolèrent avec fracas
sur la tête.... Blanchette plus morte que vive con-

serva cependant assez de présence d'esprit au milieu de ce désastre pour gagner la porte et sauter
dans la rue.

Comme la rue ne lui inspirait guère de confiance,
elle ne fit que la traverser et entra de plein-pied
dans la boutique sombre et encombrée d'un bro-

canteur. Il y avait là un si grand nombre d'objets qu'une souris pouvait y trouver cent cachettes pour une. Par malheur (rien n'est complet ici bas) on était exposé à y périr d'inanition; à moins de se nourrir, chose impossible, de vieilles armoires, de vieux ustensiles de cuivre oxydé, ou de fer blanc couvert de rouille ou bien encore de vieux chiffons exhalant une odeur de poussière et de graisse, ce qui lui répugnait et eût répugné à bien d'autres.

Toutefois Blanchette s'était tapie sous un fauteuil pour reprendre haleine; car son cœur battait bien fort et ses pauvres petites pattes n'en pouvaient plus. Elle déplorait sa triste destinée et voyait son avenir de souris complétement brisé. Sa bonne foi cependant, l'obligeait de convenir qu'elle devait sa position présente au peu de cas qu'elle avait fait des conseils de sa mère : toutes les souris n'étaient pas malheureuses, et une souris devait toujours trouver le moyen de vivre; mais ce moyen, elle avait négligé de s'en instruire.

Blanchette, on le voit, ne se ménageait pas la morale, quand elle fut arrachée à ses reflexions par la vue d'un hibou placé au-dessus de sa tête. Ce triste oiseau immobile sur son perchoir, ébouriffé, poudreux et mal empaillé, véritable hibou d'occasion, la regardait avec ses grands yeux de verre, fixes et menaçants.

Si mal accommodé qu'il fût, ce singulier croque-

souris fit un tel effet sur Blanchette qu'elle gagna
de nouveau la rue sans regarder en arrière. La nuit
était revenue, et grâce à cette circonstance, la pauvre souris put se promener dans certaines parties
mal éclairées de la voie publique. Mais elle n'avait

guère de cœur à se distraire, car sa faim un moment apaisée par le peu de fromage qu'elle avait
mangé lui était bien vite revenue. Elle se désolait
donc et poussait de petits cris plaintifs quand elle
se trouva tout à coup face à face avec sa mère, qui,
dévorée d'inquiétudes, la cherchait depuis le matin.

La mère-souris et Blanchette se firent mille caresses touchantes, puis elles allèrent par prudence se mettre à l'abri dans un des jardins du Louvre où elles causèrent de leurs mutuelles aventures jusqu'à minuit sonnant.

De mémoire d'homme on n'avait vu de souris se raconter de si longues histoires.

Sa mère lui dit enfin :

« Viens, ma fille, car voici l'heure où nous pouvons circuler sans danger. »

Elles traversèrent aussitôt la rue, à peu près déserte, et pénétrèrent dans une belle maison en se glissant sous la porte cochère. Elles montèrent ensuite trois étages d'un escalier parfaitement ciré, pour s'arrêter devant une porte à double ventail. Enfin elles s'aplatirent, et passèrent sous cette porte qui était celle de leur appartement ordinaire.

Tout cela s'accomplit au grand ébahissement de Blanchette ; car son jeune entendement n'eût pas été jusqu'à retrouver son domicile.

La mère-souris la conduisit à la cuisine dont le buffet restait toujours ouvert par la négligence de la servante.

« Rassasie-toi, ma fille, » lui dit-elle.

Blanchette se mit à manger aussi goulûment qu'une ogresse.

« En voilà assez ! » dit tout à coup sa mère qui craignait qu'elle ne se donnât une indigestion, et

« Tes mésaventures sont dues à ta seule paresse. » (Page 21.)

sans plus tarder, elle la reconduisit dans le trou qu'elles habitaient ensemble.

« Ma chère fille, lui dit-elle alors, tes mésaventures sont dues à ta seule paresse, et si tu étais sortie à l'heure où je t'éveillais d'ordinaire, rien de tout cela ne te serait arrivé.

« 1° Tu aurais évité le chat noir qui dès la chute du jour s'en va courir la pretentaine et ne revient que le matin.

« 2° Tu n'aurais pas rencontré la grosse servante qui eût été dans son lit à ronfler comme un canon de gros calibre.

« 3° Tu aurais pu manger librement dans ta rigole, car nul ne se relève la nuit pour jeter des eaux de toilette.

« 4° Tu te serais introduite sans danger chez ce vilain épicier et il t'aurait été loisible de goûter de toutes ses marchandises, car il n'est point d'épicier qui ne dorme au dernier coup de minuit.

« Chaque chose, vois-tu, doit se faire à son heure :

> Qui dort la grasse matinée
> Trotte toute la journée.

« Ce proverbe n'est pas fait spécialement pour

les souris, il s'adresse encore à tous les paresseux,
à tous les négligents.

« Je t'engage sérieusement à le méditer. Et sur
ce, bonsoir, ma chère Blanchette. »

A QUI MAL VEUT

MAL ARRIVE.

« Que Paul est méchant! disait Berthe à sa sœur Amélie.

— Qu'a-t-il fait encore? lui demandait celle-ci.

— Une action abominable, et qui doit grandement offenser le bon Dieu.

— Laquelle?

— Oh! mais je suis bien certaine qu'il en portera la peine un jour ou l'autre, reprenait Berthe dont l'indignation croissait à chaque parole.

— Mais enfin qu'a-t-il fait?

— Ce qu'il a fait?

— Certainement....

— Eh bien, ma chère Amélie, il a voulu noyer une grenouille.

— Noyer une grenouille! fit Amélie d'un air railleur.

— Oui, une grenouille.

— Comme si l'on pouvait noyer une grenouille, reprit Amélie.

— Certainement que c'est possible, mais quand

Paul a vu que cela demandait trop de temps, que la pauvre petite bête qu'il maintenait sous l'eau, attachée par la patte, continuait de vivre, il l'en a retirée, l'a placée sur un petit bûcher de brindilles sèches, et l'a brûlée toute vive malgré ma prière.

— Ah! l'affreux petit garçon ! s'écria à son tour Amélie.

— N'est-ce pas que le bon Dieu l'en punira?

— Assurément, et d'abord il ne faut plus jouer avec lui.

— Absolument plus! répondit Berthe, et d'ailleurs il cherche toujours à vous faire du mal.

— Nous jouerons fort bien sans lui, reprit Amélie, et pour commencer tu vas m'aider à planter mon petit jardin.

— Avec plaisir, » répondit Berthe.

Le jardin qu'Amélie venait d'improviser, n'était guère plus grand qu'une serviette, ce qui n'empêchait point la petite fille d'y avoir tracé une avenue, un parterre, un verger et un potager. Il faut dire que l'avenue fut plantée en brins de sarment, le parterre en mignardise, le verger en mouron rose (ce qui flattait l'œil) et le potager en très-petits choux de Bruxelles détachés de leur tige. Comme on le voit, c'était simple, modeste, mais joli. Aussi Berthe et Amélie admiraient-elles sincèrement leur travail.

Cependant Amélie vint à remarquer qu'il manquait un bassin au milieu du parterre.

« Il faut en creuser un, » dit Berthe qui reconnut la justesse de cette observation.

Quelques minutes plus tard le bassin était creusé, et un petit bol doré, plein d'eau, en formait le centre. Ce bol provenait du ménage d'une poupée, qui, l'avait prêté pour la circonstance.

Pour le coup, les deux sœurs étaient ravies, et l'on doit avouer qu'elles auraient pu l'être à moins.

Hélas! le bonheur est quelquefois bien fugitif.

Le petit Paul, que Berthe avait laissé au fond du jardin, en train de supplicier des grenouilles, reparut tout tout à coup.

« Le joli jardinet! s'écria-t-il d'un air moqueur.

— Allez-vous-en, vilain! nous ne voulons plus

jouer avec un méchant tel que vous, lui dit sèchement Amélie.

— Croyez-vous donc, mes belles cousines, que je tienne beaucoup à la compagnie de deux petites sottes comme vous?

— Sottes, si vous voulez; nous avons toujours assez d'esprit pour nous amuser sans faire de mal à personne, répondit Berthe.

— Bel amusement! dessiner un lieu de récréation pour les cloportes et les fourmis. »

Et tout aussitôt Paul se mit à piétiner, à ravager entièrement le jardin des deux petites filles, à ce point, que le bol doré fut mis en pièces.

Berthe et Amélie poussèrent alors de grands cris.

Madame Vernet, leur mère, accourut au bruit, mais Paul, satisfait de sa nouvelle méchanceté, s'était déjà enfui en éclatant de rire.

Les deux sœurs racontèrent à leur mère ce qui venait de se passer; et celle-ci, fort indignée, courut après le mauvais garnement pour le réprimander.

Il lui fut impossible de le trouver, et elle dut se contenter de faire rentrer ses filles; se réservant toutefois d'admonester vigoureusement son neveu, et se proposant en outre de le renvoyer chez lui dès le lendemain.

Paul, qui grimpait comme un écureuil, s'était lestement réfugié dans un arbre où il se tint d'abord aussi immobile qu'une statue. Mais sa tante une fois éloignée, il s'écria :

« Attrapée, ma chère tante ! »

Puis, heureux d'en être quitte à si bon compte, car il s'occupait peu des suites que pouvait avoir

pour lui la colère de Madame Vernet, il se mit à
regarder par-dessus le mur du voisin.

« Tiens ! tiens ! dit-il, ce sera amusant. »

Et descendant de son arbre, il se hâta de faire
une provision des plus gros cailloux qu'il put trouver, en bourra ses poches, et regagna le poste
qu'il venait de quitter.

Le voisin de Madame Vernet avait tout nouvelle-
ment fait construire une très-jolie serre, élégam-
ment vitrée, et il s'était assis à quelque distance,
pour l'admirer tout à son aise. Mais à la longue, la
chaleur du soleil maîtrisant son admiration, il avait
fini par s'endormir, ce qui se devinait aisément à
son large chapeau de paille qui lui tombait sur les
yeux, et à ses bras immobiles le long de son
corps.

Paul avait tout saisi du premier du coup d'œil.
S'étant donc assuré sur son arbre, il commença le
bombardement de la serre du voisin.

Dzing ! dzing ! dzing ! chaque pierre atteignait
le but et cassait une vitre de la serre. — Dzing !
dzing ! dzing ! à chaque bris de vitre Paul s'applaudissait de son adresse et bien caché dans le feuil-
lage, riait comme un fou.

Le voisin, sourd quand il était éveillé, l'était bien
davantage quand il dormait. Cependant ce bruit
continuel de vitres brisées finit par entrer au plus
profond de ses oreilles.

« Qu'y a-t-il ? » fut la première phrase qu'il dit en reprenant possession de lui-même.

Dzing ! fut la réponse de Paul qui envoya une nouvelle pierre, non moins bien dirigée que les autres.

Pour le coup, le voisin bondit sur lui-même, car il ne pouvait plus douter qu'on eût l'intention de briser une à une toutes les vitres de sa serre. Mais il ne s'agissait pas seulement de constater ce fait qu'il trouvait horrible, il fallait en découvrir l'auteur. Le voisin regardait de tous les côtés, faisant face en une seconde aux quatre points cardinaux, mais outre que sa vue n'était pas très-bonne, le petit Paul se tenait si bien caché qu'il échappait à ses regards.

Les pierres allaient toujours leur train et augmentaient le dégât de

minute en minute. Le pauvre homme était au
désespoir.

De son côté Paul riait à se tordre.

Le fracas continuel de vitres brisées finit par at-
tirer l'attention des voisins plus éloignés, et, l'un

d'eux qui s'aperçut enfin d'où partaient les pierres, s'écria tout à coup :

« Cela vient du jardin de Mme Vernet. »

Paul se voyant découvert, se laissa si rapidement glisser de son arbre, que ses deux jambes en furent rabotées à vif. Sa douleur était grande, mais il contint son envie de crier.

Le bon Dieu lui envoyait une première punition.

Pendant ce temps le voisin, sachant enfin à qui s'adresser, arrivait pourpre de colère chez Mme Vernet, déjà mise en émoi par le bruit.

Le bonhomme parlait d'aller chercher les gendarmes, et de faire fouiller la propriété pour arrêter l'auteur du délit.

Mme Vernet se hâta de le calmer, en lui promettant de tout faire réparer à ses frais. Le voisin se retira, disant qu'il le regrettait, pour elle; mais que cela lui coûterait plus de cent francs.

Berthe et Amélie étaient consternées de la conduite de leur cousin, et Mme Vernet répétait qu'elle n'avait jamais entendu parler d'une méchanceté pareille. Elle ajoutait qu'il importait d'y mettre fin le plus tôt possible, car on ne pouvait prévoir où tout cela s'arrêterait.

Mme Vernet se fit accompagner par son domestique, et descendit au jardin afin de s'emparer de gré ou de force du méchant petit Paul.

On le chercha vainement partout. On avait visité

3

tous les arbres, fouillé tous les massifs, et jusqu'à trois carrés de haricots ramés où il aurait pu se dissimuler en se couchant à plat-ventre. Rien ! rien ! et toujours rien ! C'était désolant—Mme Vernet pâlit tout à coup en réfléchissant qu'il pouvait être tombé dans le bassin, profond de plus d'un mètre.

Le domestique s'apprêtait à y descendre quand on entendit tout à coup des cris affreux.

« Mon Dieu, c'est la voix de Paul ! s'écria Mme Vernet.... mais d'où peut-elle venir ?

— Elle vient du petit clos, madame ; mais comment s'y trouverait-il, j'en ai la clef sur moi, dit le domestique.

— C'est cela, le malheureux enfant aura sauté par-dessus le mur et se sera cassé une jambe ! » s'écria Mme Vernet, en se précipitant vers le clos dont le domestique ouvrit vivement la porte.

Un affreux spectacle s'offrit à leurs regards : le petit Paul, le visage et les mains horriblement gonflés, se roulait à terre, appelant douloureusement au secours.

« O mon Dieu ! s'écria le domestique en examinant le visage méconnaissable de l'enfant ; le malheureux aura voulu tourmenter les mouches à miel, et ce sont elles qui l'ont mis dans cet état. »

C'était l'exacte vérité.

Paul, qui avait entendu le propriétaire de la

Il ne cessa de voir des grenouilles. (Page 38.)

serre faire irruption chez sa tante, s'était hâté de
franchir le mur treillagé du petit clos, dans l'espoir de s'y cacher. Là, il s'assit d'abord sous un
arbre, considéra d'un air piteux les éraflures qu'il
s'était faites aux jambes, puis, comme il avait le
diable au corps, il se mit bientôt à la recherche
d'une occupation selon ses goûts. Ce fut alors
qu'il aperçut les ruches.

« Les vilaines bêtes ! il faut que je les flambe ! »
s'était-il immédiatement écrié. Le méchant garnement avait toujours des allumettes sur lui. — Et
comme il se rapprochait de plus en plus des ruches

pour exécuter son détestable dessein, les mouches,
qui n'aiment point à être examinées de trop près

par les étrangers, s'élancèrent sur lui, le piquèrent à outrance, et le mirent enfin dans le piteux état où sa tante venait de le retrouver.

On le porta au lit avec la fièvre, une fièvre violente qui dura huit jours, et pendant laquelle il ne cessa de voir des grenouilles monter aux rideaux de son lit, se tordre au milieu des flammes, et des essaims de mouches furieuses voler autour de lui. La tête et les mains couvertes de compresses, il resta pendant tout ce temps, jour et nuit, à se débattre pour repousser ces apparitions.

Une fois rétabli, et comme il se plaignait de ce qu'il avait souffert, sa tante lui répondit sévèrement :

« Ce que vous avez souffert est la juste punition de votre indigne conduite :

A qui mal veut mal arrive.

QUI TROP EMBRASSE

MAL ÉTREINT.

« Lucie, ma chère enfant, que fais-tu?

— Chère petite mère, j'achève une nouvelle veste pour ma poupée.

— C'est fort bien, mais ton père va revenir de voyage et il faut étudier le morceau que tu dois lui jouer ce soir après dîner.

— Je l'étudierai, maman.

— Et la fable que tu dois lui réciter?

— Je la saurai, chère petite mère.

— En es-tu bien certaine?

— Très-certaine.

— Prends garde, un jour est si vite écoulé, d'autant plus qu'il faudra, tu sais que c'est convenu, recommencer ta page d'écriture qui a trois grosses fautes d'orthographe et deux vilains pâtés.

— Oh! j'aurai plus de temps qu'il ne sera nécessaire pour tout cela; car ma poupée m'a promis d'être bien sage aujourd'hui, et tu sais, petite mère, qu'elle ne ment jamais.

— Je le sais, répondit en souriant Mme Dambry.

— Ah! Dame! c'est que je l'ai très-bien élevée.

— Très-bien, c'est une justice à te rendre.

— Le fait est qu'elle m'a donné bien du mal, ajouta Lucie en désignant son élève, qui, parée de la veille, s'étalait roide comme un bâton, le dos contre la glace, et les pieds dans une coupe de la cheminée. »

La mère de Lucie venait de mettre son chapeau.

« Tiens, maman, tu vas donc sortir?

— Je vais, mon enfant, te laisser avec ta bonne pour une grande partie de la journée, et c'est ce qui m'oblige à insister sur mes recommandations.

— Sois assurée que je ne les oublierai pas. »

Mme Dambry embrassa tendrement sa fille qui était accourue se jeter à son cou.

« Au revoir, Lucie.

— Au revoir, petite mère. »

Il va sans dire que la bonne avait reçu l'ordre de veiller sur la petite fille.

Lucie aimait beaucoup à causer, et elle ne fut pas plus tôt seule qu'elle se mit à engager la conversation avec sa poupée; cette manière de s'entretenir était un double plaisir pour elle, en ce sens qu'elle faisait presque à la fois les demandes et les réponses.

« Mademoiselle Mimi, lui dit-elle, vous avez entendu ma petite mère, qui est votre grand'mère,

à vous, et vous savez, par conséquent, que nous n'avons pas de temps à perdre aujourd'hui?

— Vous l'avez entendue, c'est très-bien (ceci était la réponse de Mlle Mimi).

— Eh bien! alors il faut descendre d'où vous êtes pour essayer votre veste qui est terminée, et, d'ailleurs, une demoiselle bien née, comme vous l'êtes, ne saurait passer des heures entières, les pieds dans un vide-poche. — Venez, mademoiselle. —

Oh! mais voilà un petit vêtement qui va très-bien....
Oh! mais très-bien, très-bien. — Mademoiselle Mimi,
j'espère que vous serez assez bonne pour me donner l'adresse de votre couturière. — Un instant,
mademoiselle, il me semble que vous vous regardez
un peu trop dans la glace; car enfin, il ne faut pas
par coquetterie oublier que vous avez neuf filles
dont la toilette n'est pas même commencée. —
Les petites méchantes !... les entendez-vous crier
dans leur berceau?... Mais j'y pense, elles n'ont
peut-être pas déjeuné? Fi! que c'est vilain, mademoiselle Mimi, de laisser ainsi mourir de faim sa
petite famille! Allons bien vite mettre ordre à tout
cela. »

Et Lucie emportant sa poupée se dirigea vers un
joli berceau, doublé de satin rose, où se tenaient
paisiblement les neuf filles de Mlle Mimi. — Inutile
de dire que les neuf filles de Mlle Mimi étaient autant de poupées, et de poupées qui n'avaient guère
plus de longueur que le nez de polichinelle.

Lucie les leva l'une après l'autre, les embrassant
et leur passant tour à tour le bout de son index
sur les lèvres, ce qui vraisemblablement devait leur
servir de déjeuner. Ces premiers soins donnés,
on procéda à leur toilette, laquelle ne dura pas
moins de deux bonnes heures. C'était un temps
raisonnable eu égard à toutes les crinolines, à tous
les jupons, à toutes les bottines, à toutes les robes,

à tous les par-dessus qu'il avait fallu leur remettre, sans compter qu'on avait dû prévenir, puis attendre le coiffeur de ces demoiselles ; un coiffeur très-bavard et dont les fers ne finissaient pas de chauffer.

« Voilà qui est parfait ! » dit enfin Lucie.

S'adressant alors à ses nombreuses poupées qu'elle fit asseoir en demi-cercle devant Mlle Mimi, elle reprit :

« Maintenant, tâchez de ne pas vous salir, soyez bien sages, et causez avec votre petite mère qui ne peut vous donner que d'excellents conseils. Ah !

j'oubliais de vous le dire, mon papa, qui est le grand-père de Mlle Mimi votre mère, et deux fois votre grand-père, revient ce soir d'un long voyage, et nous devrons tous lui répéter notre compliment, il faut que je songe, moi, à apprendre mon morceau de musique, à repasser ma fable, et aussi à refaire ma page d'écriture. »

Deux heures sonnèrent à la pendule.

« Déjà deux heures! dit-elle, mais, bah! j'aurai du temps de reste, et je veux profiter de cette heureuse circonstance pour préparer une fête complète à papa; car chère petite mère n'a pas pensé à tout; loin de là. »

Lucie, qui avait prononcé ces paroles d'un air éminemment capable, s'empressa de sonner sa bonne.

« Marie, lui dit-elle, ayez la bonté de m'apporter belle Minette et gros Loulou. »

La bonne tardait à revenir, et Lucie s'impatientait.

Elle sonna de nouveau.

La domestique reparut enfin, tenant dans ses bras une belle chatte angora, à robe tigrée, et un joli petit chien à longues soies blanches, originaire de l'île de Cuba.

« Que faisiez-vous donc, Marie, demanda la petite fille.

— C'est que belle Minette buvait son lait, mademoiselle, et que gros Loulou n'était pas encore peigné.

— C'est différent, et je vous remercie, » dit Lucie en s'emparant des deux animaux qu'elle alla poser immédiatement sur un élégant coussin.

Comme la chatte et le chien vivaient depuis longtemps dans une intimité parfaite, ils ne firent aucun mouvement pour s'enfuir; ils se mirent même épaule contre épaule, afin de mieux considérer, sans doute, leur jeune maîtresse qui venait de s'asseoir en face d'eux, avec un flot d'étoffes et de rubans sur les genoux.

« Chers amis, leur dit Lucie, Mlle Mimi et ses neuf filles sont toutes prêtes pour la fête de ce soir, et vous pouvez voir d'ici qu'elles sont charmantes. »

Belle Minette et gros Loulou jetèrent un regard de complaisance sur les dix poupées et parurent satisfaits.

Lucie reprit :

« Eh bien, je veux que vous soyez charmants à votre tour, et que petit père soit touché de nos attentions. Petite mère vous avait tout à fait oubliés, à cause de ses grandes affaires de maîtrese de maison.... Moi, je ne vous oublie pas; par exemple, il faut être bien dociles. »

Belle Minette et gros Loulou firent un signe affirmatif.

« A vous d'abord, monsieur gros Loulou ! » et comme le gentil animal était en partie aveuglé par sa coiffure naturelle, Lucie fit immédiatement deux parts des longues soies qui lui pendaient sur les yeux, et les assujettit sur sa tête par deux bouffettes de ruban cerise.

Gros Loulou parut fort aise de ce premier embellissement.

Lucie lui mit aussitôt deux bouffettes pareilles aux pattes de devant.

Gros Loulou sembla sourire.

Lucie réfléchit alors comme un artiste qui hésite à prendre un parti.

Trois heures sonnèrent à la pendule.

« Déjà trois heures ! » fit Lucie, puis elle ajouta : « C'est égal, il me sera facile de tout terminer avant l'arrivée de maman qui sera bien étonnée du grand travail que j'aurai fait. » Ces paroles dites, elle ajusta une large ceinture, toujours en soie cerise, à gros Loulou qui s'émerveilla de ce nouvel ornement, bien qu'il lui coupât les reins et le ventre en deux. Enfin, on le favorisa d'une dernière rosette à la naissance de la queue.

Cette fois gros Loulou s'assit impertinemment dessus.

« Gros Loulou ! qu'est-ce que vous faites, » s'écria la petite fille très-offusquée.

Gros Loulou la regarda comme s'il n'avait absolument rien à se reprocher.

« Après tout, reprit Lucie, il agit sans méchanceté, ce pauvre gros Loulou ; il ne saurait voir ce

que je lui ai mis là. » Puis elle l'embrassa avec tendresse, en lui recommandant toutefois de ne point se salir ; car il s'agissait de produire le plus bel effet possible sur son cher petit père.

Quatre heures venaient de sonner.

« Quatre heures ! Oh ! oh ! s'écria Lucie. — Vite ! belle Minette ; je n'ai plus maintenant une seule minute à perdre. »

Belle Minette, non moins docile que gros Lou-

lou, eut bientôt la taille serrée dans un magnifique
par-dessus havane ; puis, en sa qualité de demoiselle
on lui mit des bouffettes aux quatre pattes, puis
un joli petit chapeau rond, à plumes, sur l'extrémité de sa gracieuse tête, puis une volumineuse
rosette à sa longue queue, et, enfin, au cou un joli
ruban noué en forme de *parfait contentement*. —
Belle Minette, cela tenait à son sexe, avait infini-
ment plus de coquetterie que gros Loulou, c'est
dire qu'elle ne se tenait pas d'aise d'être ainsi at-
tifée, et qu'elle faisait le plus beau ronron du
monde en se regardant au miroir.

Lucie, à son tour, battait des mains et sautait de
joie d'avoir si bien réussi.

« Que petit père sera content ! » s'écriait-elle.

Cinq heures sonnèrent.

« Cinq heures ! oh ! oh ! — Vite à mon piano ! vite
à ma fable ! et plus vite encore à ma page d'écriture. »

Et vite ! comme elle l'avait dit, elle confectionna
une belle page d'écriture, tirant parfois la langue
pour activer sa besogne, ainsi qu'il arrive à certains enfants.

Et vite ! elle lut et relut sa fable.

Et vite !... plus vite même ! elle se mit à étudier
son morceau qui était bien un peu difficile, malheureusement.

Six heures sonnèrent et Mme Dambry rentra.

Lucie, qui ne voulait pas seulement surprendre son père, se hâta de serrer Mlle Mimi et toutes ses

filles dans un tiroir, et de pousser belle Minette et gros Loulou dans un cabinet un peu sombre, mais fort propre, se réservant de ne les montrer qu'au moment où il conviendrait d'aller recevoir le cher voyageur qu'on attendait.

« Voyons, fillette, avons-nous bien travaillé en mon absence? lui dit Mme Dambry en l'embrassant.

— Oh! très-bien, maman.

— Je vais en juger.... Voyons, commence par me jouer ton morceau de musique. »

Lucie se mit bravement au piano; mais elle avait si rapidement étudié son morceau qu'elle fit un nombre prodigieux de fausses notes, et manqua complétement les passages qui devaient la faire briller.

« Fi ! fi ! la vilaine musique ! s'écria sa mère en l'interrompant. ...

— Mais, maman.... dit Lucie en essayant de protester.

— Assez, te dis-je, et récite-moi ta fable. »

Lucie commença :

LE CERF ET LA VIGNE.

Un cerf, à la faveur d'une vigne fort haute,

Elle répéta dix fois ce vers.... sans que sa mémoire vivement sollicitée, pût lui fournir autre chose....

« C'est bien, laisse ton malheureux cerf dans sa vigne trop haute apparemment pour qu'il en puisse sortir, et montre-moi ta page d'écriture, » dit Mme Dambry un peu fâchée.

Lucie se hâta d'obéir.

Pour le coup, Mme Dambry ne put retenir une exclamation :

« Cette fois, au moins, il y a progrès, dit-elle : la page que tu as écrite hier n'avait que trois fautes d'orthographe et celle-ci en a cinq, elle n'avait que deux pâtés et celle-ci en a six, larges comme des pastilles. — Lucie, il paraît que vous êtes devenue tout à coup négligente et paresseuse ?

— Mais non, maman.

— Et moi qui avais tant de confiance en toi !...

— Mais chère petite mère, je t'assure, dit Lucie qui avait les larmes aux yeux.

— A quoi avez-vous donc passé votre temps? répondez-moi, mademoiselle.

— C'est que j'avais voulu préparer une très-jolie réception à papa.

— Et comment? s'il vous plaît.

— En faisant d'abord une toilette de fête à mes dix poupées. »

Et Lucie courut chercher Mlle Mimi et ses neuf filles dant la bonne mine et la belle tenue adoucirent sensiblement la mauvaise humeur de Mme Dambry.

« Je comprends, dit-elle.

— Ce n'est pas tout, chère petite mère, car tu vas voir belle Minette et gros Loulou ; c'est eux qui m'ont donné de l'ouvrage ; par exemple, on peut dire qu'ils sont tout à fait jolis. »

Et Lucie, pour prouver son dire, alla délivrer belle Minette et gros Loulou. Mais quelle stupéfaction pour la pauvre enfant. — Belle Minette et gros Loulou étaient dans un état déplorable. La chatte avait déchiré son pardessus, égratigné ses manchettes, et tellement tracassé son ravissant petit chapeau, qu'il pendait sur ses yeux, ce qui la faisait marcher à reculons, tout en jurant et en faisant le gros dos. Quant au chien, complétement décoiffé, il avait les pattes de derrière empêtrées dans sa belle ceinture cerise ; il ne lui restait que sa paire de manchettes.

Mme Dambry ne put retenir un éclat de rire.

« Oh ! les vilains ! les vilains ! disait Lucie.

— Que tu es folle ! reprit Mme Dambry en embrassant sa fille qui avait grand besoin d'être consolée.

— Mais puisque c'était pour fêter cher petit père qui va revenir.

—Je te pardonne en faveur de ce bon sentiment; mais pourquoi m'avoir désobéi en négligeant de faire les devoirs que je t'avais donnés ?

Il ne faut jamais entreprendre plus de choses qu'on n'en saurait
mener à bien. (Page 57.)

— C'est que je croyais avoir le temps de tout
terminer, et....

— Et ce temps t'a manqué. Je te l'ai dit souvent,
ma chère fille :

Qui trop embrasse mal étreint.

Qui trop embrasse mal étreint. Ce qui signifie
en d'autres termes qu'il ne faut jamais entreprendre plus de choses qu'on n'en saurait mener à
bien. »

EXPÉRIENCE CORRIGE.

EXPÉRIENCE CORRIGÉE

Alexis avait neuf ans et Suzanne en avait dix.

Ils étaient frère et sœur, et travaillaient en ce moment à la même table sous la surveillance de leur mère, Mme Jardin, qui de temps à autre faisait une apparition pour jeter un coup d'œil sur leurs devoirs ou leur faire répéter une leçon.

Les deux enfants, seuls depuis un instant, étudiaient avec beaucoup d'application.

Cependant Alexis leva tout à coup la tête pour dire à Suzanne :

« Après tout, ce n'est pas amusant de ne jamais faire sa volonté.

— C'est vrai, répondit Suzanne ; si l'on voulait seulement nous donner tous les huit jours vingt-quatre heures de liberté, pendant lesquelles nous ferions tout ce qui nous passerait par la tête?

— Une fois par semaine, reprit Alexis.

— C'est ça qui serait agréable, ajouta Suzanne, mais il n'y a pas de danger qu'on nous l'accorde jamais : maman a si peur que nous ne fassions un pas sans elle! on dirait que nous avons toujours deux ans.

— Le temps où l'on nous tenait par la main, et où nous avions un bourrelet, comme les petits fanfans, dit Alexis d'un ton railleur.

— Et où nous faisions nos dents, à l'aide d'un hochet d'ivoire, toujours comme les petits fanfans, ajouta Suzanne que cette comparaison faisait beaucoup rire.

— Maman ne pourra toujours pas dire que nous avons mal travaillé cette semaine, reprit Alexis.

— C'est vrai, répondit Suzanne.... Oh ! une idée!

— Laquelle?

— C'est de lui demander, comme récompense, de nous laisser faire tout ce que je te disais, jusqu'à ce soir... hein?

— Toutes nos volontés?

— Certainement.

— Je n'oserais jamais.

— Pourquoi ça? nous le lui demanderons tous les deux ensemble, fit Suzanne qui avait plus de hardiesse que son frère.

— Oui, mais tu parleras la première.

— C'est convenu. »

Mme Jardin qui avait entendu cette conversation, par la porte entre-bâillée, entra tout à coup.

« Décidément, mes enfants, voilà huit jours que vous travaillez très-bien; j'espère que c'est une habitude prise, dit-elle.

— Bien certainement, chère mère, répondit lestement Suzanne.

— Bien certainement, maman, dit à son tour Alexis, qui fit en même temps un signe d'intelligence à sa sœur, laquelle répondit par un autre signe qui voulait dire : Sois tranquille.

— Qu'avez-vous donc à vous parler par signes? dit Mme Jardin.

— Chère maman, c'est que nous voudrions.... dit Suzanne.

— Oui, chère maman, c'est que nous voudrions.... » répéta consciencieusement Alexis.

Les deux enfants hésitaient à en dire davantage.

« C'est que vous voudriez? dit alors Mme Jardin, en manière d'interrogation.

— Te demander une permission, chère mère.

— Une permission?

— Oui, maman, en récompense de notre travail de la semaine.

— Une récompense! parce que vous avez fait une chose raisonnable qui ne doit profiter qu'à vous.

— Maman, c'est pour nous encourager; il me semble que tu nous l'avais promis, insinua Suzanne d'un ton câlin.

— Bien vrai, mes enfants? demanda Mme Jardin.

— Bien vrai, répondirent Suzanne et Alexis.

— Alors, je tiendrai ma parole, » répondit Mme Jardin, qui n'était pas dupe de cette prétendue promesse.

Elle poursuivit :

« Maintenant dites-moi quelle est la récompense que vous désirez, je veux bien vous en laisser le choix. »

Les deux enfants se regardaient en riant sous cape, mais sans oser encore hasarder un mot.

« Parlez, mes enfants.

— Tu vas peut-être nous refuser? c'est que vois-tu, maman.... »

Suzanne sentait sa résolution l'abandonner.

« Vous voulez donc me demander une chose impossible... reprit Mme Jardin.

— Du tout, maman, c'est la chose du monde la plus simple.

— Oh! très-simple, ajouta Alexis.

— Alors, c'est accordé; mais finissez-en, ou je vous laisse.

— Hé bien, maman, nous te demandons la liberté de faire tout ce que nous voudrons, absolument tout, jusqu'à ce soir.

— Oui, tout, tout! jusqu'à ce soir, » répéta Alexis un peu ému de ce qu'il venait d'oser.

Mme Jardin parut réfléchir pendant quelques minutes.

Suzanne, de son côté, chiffonnait un des coins de son tablier pour se donner une contenance.

Alexis regardait le bout de ses bottines.

« Soit! puisque vous avez en quelque sorte surpris ma parole, dit enfin Mme Jardin.

— Tu le veux bien! chère maman! s'écria Suzanne un peu étonnée de la facilité de sa mère.

— Sans doute, puisque je l'ai promis. »

Les deux enfants battirent des mains.

« Ainsi, nous pourrons faire tout ce que nous voudrons? s'écria de nouveau Suzanne qui ne pouvait en croire ses oreilles. Et papa ne s'y opposera pas dans le cas où il rentrerait d'ici à ce soir.

— Votre père ne voudrait pas me démentir... Seulement, je ne vous accorderai que pour demain

5

la permission que vous me demandez pour aujour-
d'hui.

— Ah ! maman ! dit Suzanne d'un ton de reproche…. Pourquoi pas aujourd'hui ?

— C'est, mes chers enfants, pour que vous ayez
le temps d'inviter tous vos petits amis, et que votre
fête soit ainsi plus complète.

— Au fait, c'est vrai ! s'écrièrent joyeusement
Suzanne et Alexis.

— Mieux encore, je vais aller moi-même les demander pour demain, de votre part, à leurs parents, en les prévenant toutefois que vous devez
agir ce jour-là avec une entière liberté.

— Oh ! maman ! maman ! que tu es gentille et
bonne ! s'écria Suzanne en sautant au cou de sa
mère.

— Oui, maman, tu es très-bonne, dit à son tour
Alexis.

— Je le suis beaucoup trop ; aussi vous com-
prendrez, je l'espère, qu'on doit être raisonnable
quand on aspire à se gouverner soi-même, attendu
qu'on est seul alors à répondre de ses actions.

— Tu crois donc, maman, que nous sommes toujours des bébés ?

— Prouvez-moi le contraire et j'en serai très-
heureuse.

— Tu verras…. dirent les deux enfants.

— C'est bien, » répondit Mme Jardin.

Le lendemain fut bien long à paraître au gré de Suzanne, d'Alexis et de toute la petite bande des invités.

Mme Jardin avait fixé la réunion pour une heure.

Tout le reste avait été laissé à l'initiative et à la direction du frère et de la sœur.

Suzanne et Alexis, levés de bon matin, allaient et venaient dans la maison, dans le jardin et la basse-cour, en chantant à tue-tête ; ils ne pouvaient contenir leur joie d'être libres.

Mariette, à la demande des enfants, et d'après les ordres de Mme Jardin, était venue se mettre à leur disposition, et ils l'avaient immédiatement employée à mille enfantillages, ce qui ne lui avait pas permis de s'occuper d'autre chose.

En conséquence, Suzanne et Alexis durent se contenter de pain et de lait pour déjeuner.... Ils en firent de vifs reproches à Mariette qui répondit simplement qu'elle ne pouvait être à la fois au jardin et à la cuisine.

Ils achevaient à peine leur frugal déjeuner, qu'une joyeuse clameur retentit dans le jardin.

Elle était poussée par les enfants qui se rendaient à l'invitation de Suzanne et d'Alexis.

« Ah ! mon Dieu ! s'écria Suzanne avec surprise. Les voilà ! et nous qui ne sommes pas encore habillés : Vite ! il faut aller faire notre toilette....

— Allons nous habiller! reprit Alexis qui n'était pas le moins du monde contrariant ce jour-là.

— Que vais-je dire à ces messieurs et à ces demoiselles? demanda Mariette.

— Vous leur direz de nous attendre, » fit Suzanne en se sauvant avec son frère.

Alexis fut bientôt dans sa chambre et Suzanne dans la sienne.

La petite fille prit à l'instant sa plus belle robe, son plus joli jupon, ses bottines les plus fraîches, et s'habilla comme elle put, car elle n'osa prier sa mère de lui venir en aide, selon son habitude, dans la crainte qu'elle ne s'opposât à la brillante toilette qu'elle voulait faire; car Suzanne avait le désir d'être mieux mise que toutes ses petites amies, elle croyait même que c'était son devoir de maîtresse de maison.

Alexis, lui, n'était pas coquet, et il se contenta de se dessiner avec du bouchon brûlé une grosse paire de moustaches qui allait rejoindre ses oreilles; d'attacher à ses talons une vieille paire d'éperons prise à son père, puis de se fabriquer un ceinturon avec un foulard roulé, et d'y suspendre un vrai sabre de garde national que le temps avait heureusement rivé à son fourreau par une épaisse couche de rouille. Cette particularité lui déplaisait fort, mais il fallait s'en contenter ou se présenter sans arme devant ses petits amis qu'il voulait surprendre et surtout terrifier par ses airs de capitaine-fracasse.

Suzanne et Alexis sortirent en même temps de leurs chambres respectives.

Tous deux éclatèrent de rire en s'apercevant.

« Tu m'as presque fait peur, dit Suzanne; je croyais voir un chef de brigands. »

Alexis fut très-flatté du compliment.

« Et toi, je t'ai prise pour une dame patronesse, » dit-il.

Suzanne ne fut pas moins aise de l'air qu'on lui trouvait.

« Alexis! dit-elle tout à coup avec inquiétude, il me semble que ma robe est agrafée de travers.

— C'est vrai.... Attends, je vais t'arranger ça. »

Seulement, comme Alexis s'était fait, sans le vouloir, autant de moustaches aux mains qu'au visage, il en fit par contre-coup une très-grosse paire au corsage de Suzanne.

Ce fut un petit incident auquel il ne prit pas garde, et dont Suzanne ne pouvait s'apercevoir.

Ils descendirent recevoir les invités.

Ceux-ci les accueillirent par de grands éclats de rire qui ne finissaient que pour recommencer.

Alexis avait du premier coup excité l'admiration de tout ce petit monde. Chacun l'appelait à son tour :

« Oh! le vilain brigand! »

Il n'y eut que la petite Nanine qui trouva qu'il ressemblait à s'y méprendre au vieux garde-champêtre du pays.

Il en fut humilié.

Il voulait bien être pris pour un brigand, mais pas pour un garde-champêtre.

Cependant, son succès fut si grand que personne n'avait remarqué la belle toilette de Suzanne, ce qui la mécontenta bien un peu, mais ce fut un léger nuage.

Elle était après tout si heureuse de faire la dame qu'elle entra dans son rôle dès que le silence fut rétabli.

« Bonjour, mesdemoiselles! bonjour, messieurs! se hâta-t-elle de dire, je vous remercie bien sincè-

rement de vous être rendus à notre brusque invitation. »

Elle avait retenu de sa mère ces quelques phrases
de politesse, et elle s'empressait d'en faire
usage.

Suzanne ajouta :

« Nous allons faire tout ce que nous voudrons
jusqu'à ce soir; maman l'a permis. Nous sommes
nos maîtres! Ainsi, messieurs et mesdemoiselles,
il ne faut plus penser qu'à bien nous amuser. »

Tout le monde battit des mains.

« Mariette ! cria Suzanne qui voulait faire parade
de son autorité.

— Voici, mademoiselle! répondit Mariette.

— Il faut aller chercher des gâteaux, beaucoup
de gâteaux !

— Si Mademoiselle voulait avoir la bonté de me
donner de l'argent.

— Demandez-en à maman.

— Madame m'a dit que cela ne la concernait pas
et que Mademoiselle avait sa bourse.

— Ah! » fit Suzanne qui ne s'attendait pas à faire
les frais du goûter.

Mais comme il n'y avait pas à revenir sur son
ordre, et que d'ailleurs ses petites amies écou-
taient en la regardant, elle reprit :

« Eh bien ! attendez que j'aille chercher de l'argent. »

Elle révint bientôt avec une pièce d'or qu'elle donna à Mariette.

On ne pouvait pas dire que Suzanne fût avare, mais elle tenait à ses pièces d'or qui étaient toutes neuves. Elle éprouva donc un certain déplaisir à en commencer le sacrifice.

« Tiens! Suzanne qui a du noir à sa belle robe, dit la petite Nanine à qui rien n'échappait.

— Du noir à ma robe! reprit Suzanne un peu effarée.

— Oui, dans le dos.

— Dis donc, Alexis, est-ce que tu m'as mis du noir à ma robe, dans le dos?

— Bah! ce n'est rien que ça, répondit Alexis qui, déjà en train de jouer aux brigands avec ses petits camarades, se souciait fort peu de la robe de Suzanne.

— Voyons, mesdemoiselles, à quoi allons-nous nous amuser, car il faut bien employer notre temps, dit enfin Suzanne.

— Si nous jouions à la marchande de beurre, dit Claire.

— Pour nous faire des taches! répondit naïvement la petite Emma qui avait l'air d'être un peu précieuse.

— Qu'elle est sotte! dit Nanine : on prend du papier plié en quatre, et c'est du beurre.... Censé.

— Et puis si le papier crève? reprit Emma.

— Mais puisqu'il n'y aura rien dedans, répliqua Nanine.

— C'est égal, je ne veux pas me faire de taches ; maman me gronderait, » dit obstinément Emma. »

Les petites filles rirent à se pâmer.

« Eh bien ! reprit Suzanne, si nous jouions à la sœur de Charité qui va voir des malades.... C'est vous qui serez les malades.

— Encore mieux ! répliqua de nouveau Emma en se révoltant, pour qu'on nous fasse boire de l'huile de ricin.

— Mais puisqu'on fera censé.... cria Nanine en haussant les épaules.

— Oui, oui, et puis quand nous en aurons bu, nous aurons mal au cœur.

— Ah ! qu'elle est ennuyeuse ! s'écria Nanine, elle ne comprend rien.

— Alors, il faut jouer à la comédie, dit Claire.

— C'est cela, répliqua Suzanne.... Il faut jouer à la dame.... Je serai dans mon salon, et vous me rendrez visite en me parlant de vos enfants qui sont méchants, et de vos domestiques qui sont insupportables.

— Je n'irai pas, moi ; car je n'ai pas une assez belle robe pour rendre une visite, objecta de nouveau Emma à qui rien ne plaisait.

— Eh bien, tu resteras à la porte, et tu y joueras

toute seule à la petite fille qui se tient droite! »
s'écria Nanine impatientée. »

On rit de nouveau aux dépens
d'Emma qui alla s'asseoir à l'écart
et se mit à larmoyer.

Jouer à la dame est un plaisir très-vif pour des
petites filles, mais enfin on s'en lasse. Suzanne et
ses compagnes en eurent bientôt assez.... Puis elles
réfléchirent qu'elles devaient profiter de la liberté
qu'on leur laissait pour jouer à un jeu qui ne fût
pas de tous les jours.

On tint donc conseil afin de savoir quel jeu ce serait.

Alexis depuis tout ce temps n'avait pas perdu
une seule minute, non plus que ses camarades, et
en leur qualité de brigands, ils avaient bouleversé
toutes les plates-bandes du jardin sous le prétexte
qu'ils étaient poursuivis par les gendarmes. Tout
à coup il leur vint à l'esprit de concentrer leurs
forces pour attaquer une diligence où se trouve-
raient une grande princesse, ses femmes, une

nourrice et plusieurs enfants, qui crieraient en voyant enlever leur mère.

On adopta son idée qui parut merveilleuse.

Il y avait une petite voiture à bras sous un appentis au fond du jardin. On s'empressa d'y atteler trois brigands qui passèrent immédiatement à l'état de chevaux. La diligence était trouvée, et il n'y avait plus qu'à installer l'illustre voyageuse et toute sa suite.

Alexis porta alors les yeux sur le groupe formé par les petites filles, qui, à force de délibérer sur le meilleur emploi de leur temps, avaient décidé de jouer à la *Fée en voyage*.

Il alla leur faire ses propositions qu'on repoussa après une discussion très-animée. On convertit enfin les deux projets en un seul.

Alexis avait beaucoup lutté pour conserver son rôle de brigand attaquant une diligence, ce qui lui aurait permis de faire des actes de bravoure; mais il fallut céder aux petites filles que l'idée d'être attaquées par des voleurs épouvantait malgré elles.

Seulement, comme Alexis ne pouvait se résoudre à s'effacer complétement à la suite de sa sœur, ni à quitter l'air terrible qu'il s'était donné, il demanda à faire Barbe-Bleue.

« Je serai Barbe-Bleue, disait-il, et je courrai après la Fée pour la tuer, et elle se sauvera toujours, et je courrai toujours après. »

La petite charrette à bras, de diligence qu'elle était, fut aussitôt convertie en un char où la Fée-Suzanne allait prendre place dans toute sa gloire, et une grande baguette à la main, quand Mariette vint annoncer à sa jeune maîtresse que le goûter était servi.

Petits garçons et petites filles poussèrent de nouveaux cris de joie et se précipitèrent pêle-mêle dans la salle à manger.

Mariette avait exécuté les ordres de Suzanne et acheté beaucoup, beaucoup de menus gâteaux, tels que des éclairs, des madeleines, des tartes aux cerises, des babas, des brioches, des condés, des meringues à la crème, etc., etc., et enfin trois bouteilles de sirops d'agrément.

Suzanne et Alexis, emportés par la gourmandise, oublièrent leurs devoirs de maîtres de maison, s'assirent les premiers à table, et mangèrent et burent sans s'occuper de personne.

Leurs invités étaient par bonheur assez hardis pour se servir eux-mêmes.

Nous ne décrirons pas autrement cette petite collation dont chacun prit sa part, jusqu'à la petite Emma qui avait fini par se trouver de l'avis de tout le monde quand il s'était agi de manger des gâteaux. Nous ajouterons seulement que tous les convives, indistinctement, se levèrent de table bourrés jusqu'aux oreilles, et de plus barbouillés et tachés de sirop.

« Jouons maintenant! » s'écria Alexis qui avait encore la bouche pleine.

Le grand moment était arrivé.

Suzanne, en sa qualité de fée, fut placée sur une botte de paille au milieu du char que nous avons dit.

Ses jeunes amies s'assirent autour d'elle sur le plancher de la voiture.

Quatre petits garçons, les plus forts, s'attelèrent à l'équipage improvisé : deux aux brancards; deux en arbalète. Deux autres se mirent derrière.

Pendant cette installation, Alexis, qui, en sa qualité de Barbe-Bleue (un homme qui avait tant de vaisselle d'or et d'argent), trouvait humiliant d'aller à pied, montait dans une brouette, son sabre à la main, ce malheureux sabre que rien ne pouvait faire sortir dn fourreau.

Un ex-brigand, resté sans ouvrage, entra comme

cheval et comme cocher au service de Barbe-Bleue.

Alexis donna le signal du départ.

On laissa la fée prendre une avance de six longueurs de brouette, et l'on partit au grand galop en s'enfonçant dans le jardin.

Les allées étaient assez larges pour de pareils équipages; mais les chevaux étaient si peu dressés qu'ils dépassaient incessamment toutes les limites, cassant des branches aux massifs et hachant les fleurs.

« La Barbe-Bleue!... » hurla tout à coup une grosse voix partie de la brouette.

La fée épouvantée leva les yeux au ciel et s'écria :

« Courez! courez! mes amis, je ne veux pas la voir !

— La Barbe-Bleue!... » hurla-t-on plus fort.

La fée reprit plus fort aussi :

« Courez! courez plus vite!... la Barbe-Bleue me tuerait. »

Mais, au moment de courir plus vite, les chevaux des brancards glissèrent et s'abattirent en faisant basculer le char de la fée.

Les petites filles roulèrent les unes sur les autres.

La fée Suzanne s'écorcha le bout du nez.

La Barbe-Bleue voulut, sans la moindre générosité, profiter de l'incident pour tuer la fée, mais les chevaux, remis sur pied, avaient déjà repris le galop.

Barbe-Bleue, un peu penaud, remonta dans sa brouette, et la poursuite recommença.

Il y a au fond de tous les jardins d'une certaine étendue un lieu réservé où l'on dépose les pierrailles, les feuilles mortes, les mauvaises herbes, le menu bois fagotté provenant de l'élagage des arbres et de la taille des haies de clôture.

C'était vers ce bel endroit que les chevaux de la fée, feignant de prendre le mors aux dents, avaient emporté son char ou sa charrette, et que la brouette de Barbe-Bleue s'était élancée sur ses traces.

Les deux équipages ne pouvaient courir longtemps sans danger sur un pareil terrain, et il fallait toute la folie de chevaux qui ont pris le mors aux dents pour s'y aventurer; aussi la fée fut-elle, au bout de quelques secondes, précipitée avec ses compagnes sur un amas d'orties, pendant que la Barbe-Bleue tombait carrément assis, et son sabre à la main, sur un fagot d'épines.

On eût pensé qu'ils s'étaient donné le mot pour verser ensemble.

Ce fut aussitôt un concert de voix lamentables, et dans lequel Barbe-Bleue criait le plus fort tant il était piqué au vif.

Les chevaux étaient seuls restés debout, et ce

fut eux qui, contrairement à l'usage, relevèrent les voyageurs.

Cette opération, très-facile pour les petites filles, devint très-délicate pour Alexis Barbe-Bleue, tant

son fagot d'épines s'était incorporé à lui, et tant ses maudits éperons s'y étaient enfoncés.

On finit par l'en séparer; mais ce ne fut pas sans lui faire endurer des douleurs bien cuisantes.

Quant à nos fillettes, elles pleuraient toutes en se frottant les mains et le visage couverts d'un nombre considérable de petites ampoules blanches occasionnées par les orties, et qui les faisaient beaucoup souffrir.

La fée Suzanne avait de plus laissé un pan de sa belle robe accrochée à son char de voyage.

Et ce qu'il y avait encore de très-grave, c'est qu'ils avaient tous tant mangé de gâteaux et avaient

été si fort secoués ensuite, que plusieurs d'entre eux en étaient très-incommodés.

Il y eut forcément un temps d'arrêt dans les plaisirs.

« Moi, je crois qu'on a mis de l'huile de ricin dans les gâteaux, dit la petite Emma d'un air capable.

— Certes ! et tu feras bien d'aller gronder le pâtissier, » lui répondit Nanine en se moquant.

Le temps était devenu noir et une pluie abondante tomba tout à coup.

Cela fit diversion.

« Allons nous abriter sous le kiosque, » s'écria Suzanne un peu remise de son émotion.

Tous les enfants y coururent. Alexis seul ne pouvait plus ni courir.... ni surtout s'asseoir.... sans de vives douleurs; il ne fit donc que s'y traîner en prenant un de ses chevaux sous le bras.

Il y avait sous le kiosque un grand nombre de siéges de jardin où l'on s'assit, Alexis excepté, pour voir tomber la pluie, ce qui peut servir d'amusement quand on est à l'abri.

Alexis ne riait plus, il avait oublié à la fois son rôle de chef de brigands et celui de Barbe-Bleue, et s'il tenait encore son sabre à la main, c'était avec une complète indifférence.

« Tiens, dit l'un de ses camarades en le désignant, on dirait que Barbe-Bleue boude son sabre.

— Mais non, c'est le fagot d'épines, dit un autre.

— Et dire qu'il ne pourra plus jamais s'asseoir, dit un troisième.

— Et qu'il sera obligé de se tenir debout pour jouer aux billes? reprit le premier.

— Et pour boire et pour manger? et, après tout ça, de dormir sur le ventre, le nez dans ses couvertures, comme un serpent du Jardin des plantes, » poursuivit un quatrième.

Les petites filles riaient follement de toutes ces plaisanteries.

« Voulez-vous me laisser tranquille ou vous allez voir !... dit enfin Alexis que son accident avait rendu très-irritable.

« — Allons, il ne faut pas le taquiner davantage, » dit Suzanne avec prière.

Ses méchants petits camarades s'éloignèrent alors de lui, mais non sans imiter ses contorsions. La grande entente n'existait plus.

Toutefois, comme des enfants ne peuvent longtemps tenir en place; ils imaginèrent bientôt un divertissement de circonstance qui consistait à affronter la pluie pendant quelques secondes, et à revenir se mettre à couvert en riant. Chacun d'eux voulait par bravade y rester plus longtemps que les autres, et il arriva qu'ils finirent tous par être trempés des pieds à la tête.

Il y avait, à quelques pas du kiosque, une petite rivière anglaise profonde au plus de quarante centimètres.

Un des petits garçons, pour prouver qu'il était plus vaillant que les autres, y sauta bravement et se mit à danser dans l'eau un pas de sa composition qui excita un fou rire chez tous ses camarades. Alexis lui-même en riait à se tordre, et son seul regret était de ne pouvoir prouver en ce moment, le sabre à la main, qu'il était aussi brave que le plus brave.

L'exemple est si contagieux, que ce jeu allait remplacer l'autre, quand Mme Jardin, qui jusque-

là surveillait les enfants de sa fenêtre, envoya Mariette pour faire cesser des réjouissances qui deve-
naient trop dangereuses.

« Allons, messieurs et mesdemoiselles, dit Mariette, Gringalet est arrivé, et Madame vous prie de
rentrer tout de suite.

— Gringalet! » s'écria-t-on avec joie.

Et tous les enfants se dirigèrent vers la maison
en courant.... Leur tenue était telle qu'on eût cru
voir une véritable troupe de petits bohémiens.

Alexis seul revint en boitant au bras de Mariette.

« Qu'avez-vous donc, monsieur Alexis, lui de-
manda-t-elle avec intérêt.

— J'ai mal au pied.... » répondit-il.

Gringalet, venu de Paris, avait dressé son élégant
théâtre de marionnettes dans un angle du salon,
et l'on voyait couchés en tas sur le bord de la
scène, ses acteurs ordinaires, c'est-à-dire M. le
commissaire avec sa belle perruque, Polichinelle,
le chat, la mère Trinquefort et son vaste bonnet....
Ces aimables acteurs, immobiles comme des sphinx,
étaient là, sans doute, occupés à repasser leurs
rôles.

La vue de ce gracieux spectacle frappa d'admiration les enfants à leur entrée dans le salon; mais,
en même temps qu'ils poussaient leur cri d'enthousiasme, un cri de stupeur y répondit,

On eût cru voir une troupe de véritables petits bohémiens. (Page 84.)

« Comme les voilà faits! s'écrièrent toutes les mamans venues pour assister à la représentation.

— Mouillés jusqu'aux os! dit Mme Jardin en les palpant.

— Et toi, André! s'écria la mère du petit garçon qui avait sauté dans la rivière pour y danser un pas, et qui, trempé jusqu'à la ceinture, avait les pieds dans une mare tombée goutte à goutte de ses habits.

— Mais ils vont être tous malades! reprit Mme Jardin.

— Ah! mon Dieu! crièrent les mamans très-alarmées et en s'emparant de leurs enfants.

— Vite! vite! qu'on les déshabille et qu'on les couche! Mariette! faites chauffer des serviettes et des couvertures.... cria Mme Jardin.... Ah! mon Dieu! »

Mariette s'empressa d'obéir.

Les enfants étaient désolés.

« Chère maman! laisse-nous voir Gringalet, dit Suzanne.

— Certainement, pour que vous attrapiez tous une bonne fièvre, une bonne rougeole ou une fluxion de poitrine. Non! non! tous au lit! et une grande tasse de bourrache pour vous faire transpirer. »

Les enfants se mirent à pleurer en jetant un regard désolé sur le théâtre de Gringalet, qui leur promettait tant de plaisir.

« Il ne s'agit pas de pleurer, le mal est fait; il fallait être plus raisonnables. »

On fit passer les garçons dans la salle à manger; les petites files restèrent au salon.

Les mamans se mirent à l'œuvre, et, en moins d'un quart d'heure, chaque enfant fut déshabillé, essuyé, frotté, réchauffé, et emballé dans une couverture de laine.

La maison de Mme Jardin ressemblait en ce moment à une ambulance improvisée après un désastre.

Bientôt nos petits imprudents, rentrés chez eux dans les bras de leur mère ou de leur bonne, étaient mis au lit et buvaient force bourrache.

Tous étaient inconsolables d'avoir manqué la représentation de Gringalet, lequel avait été payé et congédié sans avoir ouvert la bouche.

Suzanne, enveloppée dans sa couverture, était couchée sur un canapé, où elle faisait à son tour une assez triste mine.

Quant au pauvre Alexis, le seul dont les vêtements fussent restés secs, il était un peu plus loin, piteusement couché sur le ventre.

« Hé bien ! mes chers enfants, vous êtes satisfaits. »

Le frère et la sœur, très-confus, gardèrent le silence.

« Ce n'est pas tout, car il faut maintenant régler nos petits comptes ; j'ai, pour cela, dressé la liste de vos dégâts en même temps que de vos dépenses. »

Les deux enfants se regardèrent avec un certain étonnement.

Mme Jardin reprit, en lisant :

1° Gâteaux et sirops d'agrément.. . . . . 27 fr.

2° Huit jours de jardinier (et ce n'est pas trop) pour remettre le jardin en état. . . . 32

3° Réparation de la petite voiture à bras dont une roue a été cassée, estimée à.. . . 20

4° Robe en mousseline des Indes, ruchée, bouillonnée et ornée de très-beaux rubans, entièrement mise en lambeaux. 60

5° Bottines d'étoffes, entièrement neuves et réduites à l'état de savates. 12

6° Pantalon d'Alexis, mis hors d'usage par une douzaine de déchirures. 22
_____

Ce qui forme un total de. . . . 168 f.

« C'est donc 84 fr. que chacun de vous me doit pour sa part, et qu'il va me donner sur sa bourse ; Suzanne en défalquera les 20 fr. qu'elle a donnés à Mariette pour les gâteaux. »

Les deux enfants se mirent à pleurer.

« Mais, maman, dit Suzanne à travers ses larmes, tu ne nous avais pas dit....

— Quoi? que vous feriez autant de folies? Je ne pouvais guère le deviner, mes chers enfants.

— Non, mais que nous payerions tout ça sur notre argent, répondit Alexis en sanglotant.

— Croyez-vous donc, mes chers enfants, que nous soyons assez riches, votre père et moi, pour dépenser cent soixante-huit francs en un jour dans le but de vous donner une simple distraction.... Et en plus de cette somme déjà forte, de payer Gringalet qui ne saurait venir à la campagne avec son théâtre pour les beaux yeux de ses spectateurs.

— Est-ce que nous savions? dirent Suzanne et Alexis.

— Pourquoi donc aviez-vous la prétention de vous diriger vous-mêmes.

— Mais, maman, si je te donne mon argent, il ne m'en restera plus pour acheter le *Tour du monde* que je voulais avoir, dit Alexis sans répondre directement à sa mère.

— Ni à moi pour compléter ma *Bibliothèque rose*, ajouta Suzanne.

— Il fallait réfléchir à tout cela auparavant, mes enfants, et calculer les conséquences de votre conduite.

— Si nous avions su, répétèrent les deux enfants en larmoyant.

— Vous le savez maintenant. »

On n'apprend jamais bien qu'à ses dépens.

Expérience corrige.

TOUT CE QUI BRILLE

N'EST PAS OR.

Sur la rive gauche de la Seine, entre la rue des Saints-Pères et le Pont-Royal, au premier étage d'un ancien hôtel du quai Voltaire, il y avait une fort belle rangée de hautes fenêtres s'ouvrant sur un large balcon où trente personnes auraient pu se mettre en parade. Ces fenêtres éclairaient un riche appartement occupé par M. et Mme Delacroix, leur fils Octave (un enfant de huit ans) et enfin un admirable chien danois de la petite espèce que l'on avait baptisé du nom poétique de Roméo.

Octave et Roméo étaient inséparables et ils formaient un ensemble ravissant.

La nature les eût faits à dessein l'un pour l'autre
qu'elle n'aurait pu les apparier davantage.

Octave avait le teint rose et blanc d'une petite
fille, les yeux bleus foncés, les cheveux cendrés,
les sourcils et les cils bruns, et pour compléter
tout cela, une grâce et une désinvolture parfaites.

Roméo, de son côté, possédait toutes les qualités qui distinguent sa race, la poitrine large, les
flancs étroits, une tête adorablement fine, se ter-
minant par le plus joli petit museau qu'on pût
voir. Et des dents si blanches, des gencives si roses,
si fraîches qu'on eût volontiers mordu avec lui au
même morceau de pain. Quant à ses jambes, elles
étaient si nerveuses, si déliées, qu'à la course aucun animal n'aurait pu le gagner de vitesse.

Notez encore que sa robe blanche, mouchetée
de noir, brillait comme de la soie, et qu'il portait
au cou un magnifique collier d'or, doublé d'une
bande de velours nacarat plus large que le collier,
ce qui tranchait admirablement sur la blancheur
de son poil.

Quand le temps était beau, l'enfant et le chien
jouaient ensemble sur le balcon, au grand ravissement des promeneurs du quai qui, le plus souvent, s'écriaient :

« Le bel enfant et le beau chien !!! »

Si Roméo était insensible à ces éloges, ils cau-
saient un extrême plaisir à Octave dont la vanité
égalait la gentillesse; aussi ne faisait-il pas la plus
petite promenade sans emmener Roméo au bout
d'un large ruban de soie rose, ne le laissant sous
aucun prétexte tenir par le domestique qui les
accompagnait toujours dans leur sortie.

Son chien était sa gloire et son orgueil, abso-

lument comme s'il eût été cause de la beauté de
l'animal.

7

Il est vrai qu'il eût suffi à Roméo de devenir boiteux ou de perdre un œil, pour perdre en même temps l'affection de son maître; car Octave n'aimait que ce qui était beau, riche ou brillant, en un mot tout ce qui pouvait flatter son regard ou caresser sa vanité.

Son père se promenait un jour sur le quai de Billy, lorsqu'un énorme chien se mit à le suivre. Il n'aperçut pas d'abord ce compagnon; mais l'animal qui voulait être remarqué finit par marcher si près de lui qu'il attira tout à coup son attention. M. Delacroix fit involontairement un bond de côté, tellement cette apparition était effrayante au premier abord. Qu'on s'imagine un gros chien des montagnes, le poil noir, long et emmêlé, la gueule béante, et dont la tête et le corps saignaient par une douzaine de blessures.

Le second mouvement de M. Delacroix fut de brandir sa canne pour l'éloigner; mais le chien le regarda d'un air si suppliant qu'il avait quelque chose d'humain.

M. Delacroix laissa retomber sa canne.

Le chien s'approcha alors en rampant, sans cesser de le regarder dans les yeux, et vint lui lécher la main.

M. Delacroix le caressa à son tour en lui disant :

« Allons, je vois que tu es un bon chien. Mais qui diable a pu te mettre dans un pareil état?»

L'animal qui ne pouvait raconter ses aventures se contenta de redoubler de caresses ; il semblait se placer sous sa protection.

« Je te comprends, je songe seulement que tu dois avoir un maître. »

Le chien, comme s'il eût compris l'objection, poussa un petit cri plaintif et se rapprocha davantage de M. Delacroix.

« Soit ! dit celui-ci, il sera toujours temps de te remettre à ton légitime propriétaire s'il se présente, et il emmena le chien au bord de la Seine pour le laver. »

Ses blessures n'étaient pas graves ; il avait sans doute fait peur à quelques enfants ou même à quelques hommes, qui l'avaient chassé à coups de pierres.

Enfin M. Delacroix emmena le chien après l'avoir soigneusement épongé avec son mouchoir.

Un quart d'heure après, il faisait son entrée chez lui avec le formidable animal à qui il avait donné, chemin faisant, le nom de Jupiter. Ce nom convenait parfaitement aux larges proportions du chien, et chose singulière, il y répondit, dès la première fois ; c'était à croire qu'on ne l'avait jamais appelé différemment.

L'arrivée de Jupiter causa un certain émoi à Octave et au brillant Roméo. Ils avaient l'air aussi stupéfaits, aussi effrayés, aussi indignés l'un que l'autre de sa présence.

« Oh papa! quel horrible animal, dit **enfin** Octave.

— C'est au contraire une bête remarquablement belle, répondit M. Delacroix.

— Lui! s'écria Octave en détournant les yeux avec dédain.

— Regarde donc comme il est fort, comme il a l'air intelligent. On dirait un lion.

— Je le trouve affreux avec sa grosse tête, ses longs poils noirs désordonnés, ses larges pattes! répondit Octave, et il embrassa Roméo qui s'était tapi derrière lui.

— Tu auras peut-être un jour l'occasion de l'apprécier et de te convaincre qu'il vaut bien ton ami Roméo.

— Ce vilain chien valoir jamais Roméo?

— Et beaucoup plus, mon cher Octave.

— Roméo qui est si joli, dont le poil est si brillant qu'on ne peut le voir sans l'admirer.

— *Tout ce qui brille n'est pas or !* C'est une vérité que tu devrais méditer plus que personne, car tu es trop enclin à te laisser séduire par les yeux. Tu ignores qu'il ne suffit pas d'être beau, et qu'il faut encore être bon et utile à quelque chose.

— Mais, papa, Roméo est très-bon.

— Le trouves-tu bien utile?

— Il m'est très-utile dans mes promenades, dans mes récréations.

— Voilà tout?

— Puis il m'aime.

— Quand tu lui donnes du sucre, et il est certain qu'il aurait le même genre d'amitié pour le premier venu.

— Moi, je suis certain qu'il me préfère à tout le monde.

— Les animaux intelligents sont seuls capables de s'attacher à leurs maîtres, et ton pauvre Roméo n'a guère plus de cervelle qu'une crevette.

— Tu as beau dire, papa, Roméo donne très-bien, mais très-bien, la patte.

— Ajoute à cela qu'il mange, boit et aboie tout seul, et tu auras énuméré les nombreuses qualités qu'il possède.

— Dame, ce n'est qu'un chien.

— Jupiter aussi n'est qu'un chien, et tu verras bientôt qu'il y a une certaine différence entre lui et Roméo.

— Il va donc rester ici, dit Octave avec un certain effroi.

— Sans doute, en attendant que nous l'emmenions en Normandie, car ce sera un merveilleux chien de garde pour le château.

— Ça, je ne dis pas.... Je crois qu'il est bon pour faire un portier, dit Octave avec ironie.

— C'est déjà une qualité qui manque à Roméo. »

L'enfant fit un geste qui pouvait se traduire ainsi :

« Voilà une qualité qui n'est guère enviable. »

Puis il reprit :

« Je ne suis fâché que d'une chose, c'est que nous serons, moi et Roméo, obligés de subir la compagnie de monsieur Jupiter jusqu'à notre départ pour la campagne.... Après ça, on pourrait le mettre en attendant sous la remise.

— Du tout, car je veux qu'il devienne notre ami.

— Pas le mien, en tous cas, il est trop laid et trop commun.

— Toujours la même sottise!... Enfin, j'espère que l'avenir te corrigera. »

Jupiter, pendant ce temps, s'était tenu modestement à la porte, regardant tour à tour Octave et Roméo avec des yeux suppliants. Le pauvre animal

comprenait à leur attitude qu'il était en présence
de deux ennemis.

Monsieur Delacroix fit aussitôt compléter la toilette de Jupiter; on servit ensuite au chien une
très-bonne pâtée, et il l'expédia avec un appétit
qui faisait plaisir à voir.

Pauvre Jupiter! son dernier repas était sans doute
digéré depuis quarante-huit heures.

A partir de ce jour il eut ses grandes entrées dans
la maison et fit tous ses efforts pour se rendre
agréable, non-seulement à ses nouveaux maîtres,
mais encore à tous leurs familiers.

Octave et Roméo furent les seuls qui ne voulurent pas de son amitié.

Jupiter était doué d'une intelligence supérieure
et d'un caractère très-sérieux. C'était un de ces
braves chiens capables de se dévouer à un pauvre
aveugle, de se tenir à ses côtés, assis pendant des
heures, une sébille de bois entre les dents. Il eût
appris à jouer aux dominos, à battre du tambour,
à faire l'exercice, et enfin mille choses aussi com-
pliquées; mais il n'aurait certainement consenti à
s'occuper de tout cela que pour aider à la fortune
de son maître, et nullement pour montrer qu'il y
avait en lui l'étoffe d'un savant. Quant à Roméo,
ce n'était décidément qu'un niais infatué de sa gentillesse, et qui, à l'exemple de son maître, ne regardait l'excellent Jupiter que comme un chien de

bas étage. Il n'avait cependant jamais osé le lui
faire comprendre trop directement, bien convaincu
que Jupiter était de force à l'étrangler d'un coup
de gueule.

Jupiter ne se découragea pas, et s'imaginant
qu'il déplaisait par son air grave, il s'abandonna
à une longue suite de sauts, de cabrioles et de tré-
pignements joyeux qui faisaient danser les meubles
autour de lui.

Mais c'était peine perdue ; car Octave prenant
aussitôt Roméo dans ses bras, s'éloignait en disant :

« Que cette grosse bête de Jupiter est donc insupportable ! »

On était alors aux premiers jours du printemps, et Jupiter s'en allait faire un tour de balcon pour se consoler.

On a, des maisons du quai Voltaire, une des plus jolies vues de Paris : devant soi, la longue façade du Louvre, le mouvement continuel de la rivière et des quais, le splendide rideau de peupliers qui, des deux côtés de la Seine, précède le Pont-Royal pour ombrager les passants. Sur sa gauche, la frégate-école et son gréement de fantaisie, les Tuileries avec leur petite forêt d'arbres séculaires. Plus loin les Champs-Élysées et les hauteurs de Passy. Sur la droite l'île de la Cité et les tours de Notre-Dame. De tous les côtés l'animation des ponts encombrés de piétons et de voitures.

Jupiter considérait tout cela avec le ravissement particulier aux artistes placés tout à coup devant un beau spectacle. Seulement de temps en temps, il interrompait ses réflexions pour aboyer contre des écoliers vagabonds qui se poursuivaient à coups de livres, ou des charretiers qui juraient en fouaillant leurs chevaux trop chargés.

Très-souvent Octave survenait avec Roméo et le chassait du balcon en disant :

« Va-t'en, tu sens le chien. »

Le pauvre Jupiter se retirait alors avec une résignation touchante.

Le moment était venu d'aller à la campagne.

Monsieur Delacroix possédait un château à quelques lieues au delà de Caen, en pleine Normandie, ce fut là qu'il se disposait à emmener sa femme, Octave, et enfin Roméo et Jupiter.

Toutes les malles étaient fermées, tous les colis alignés, tous les domestiques dans l'attente des derniers ordres.

« Ici Jupiter et Roméo ! » cria monsieur Delacroix armé de deux muselières et d'une chaîne qui devait servir à accoupler les deux chiens.

Roméo accourut à la voix de son maître ; quant à Jupiter, ce fut à grand'peine qu'on parvint à le saisir.... Mais le saisir n'était rien, il fallait le retenir, et le grave Jupiter grondait entre ses dents et faisait de tels bonds qu'il ne fut pas plus de quelques secondes à s'échapper des mains qui s'efforçaient de le mettre à la chaîne.

Une fois libre, il s'enfonça dans l'appartement.

Octave sourit avec malice en voyant le sage Jupiter se soustraire ouvertement à ses devoirs de chien.

« Peste soit de l'animal ! s'écria monsieur Delacroix, qu'on le ramène ! Allez vite, ou il va nous faire manquer le chemin de fer. »

Cet ordre était inutile ; car il était à peine donné que Jupiter reparaissait en tenant dans sa gueule, par la poignée, la petite valise à main de son maître, que celui-ci avait remplie en sa présence.

On le reçut avec des cris d'admiration.

« Oui, mon cher chien, c'est vrai, j'allais l'oublier, et tu as eu plus de mémoire que moi, s'écria monsieur Delacroix en caressant l'animal.

Puis il reprit en se tournant vers Roméo :

« Ce n'est pas toi, brillant nigaud, qui aurais jamais une pareille attention pour ton maître. »

Octave se sentit humilié en la personne de son favori.

Le lendemain tout le monde était installé au château, et Roméo, comme les années précédentes, reprenait sa place dans les appartements et les jardins. Jupiter, lui, avait été relégué à la ferme.

Cette séparation des deux chiens causa un très-grand plaisir à Octave : il se trouvait enfin débarrassé de Jupiter dont la nature plébéienne lui déplaisait de plus en plus. Il lui en voulait encore, sans se l'avouer, de s'être montré plus intelligent que Roméo.

Jean, un garçon de quinze ans, fils du fermier, devint aussitôt l'ami intime de Jupiter. Il avait été ravi au premier coup d'œil de sa force et de son air intelligent. L'animal, de son côté, se voyant accueilli avec plaisir, lui avait aussitôt rendu affection pour affection, et il quittait le moins possible son nouvel ami. Ils en étaient arrivés à prendre tous leurs repas ensemble. Jupiter s'asseyait alors devant lui, une patte sur sa cuisse,

guettant d'un œil avide les bouchées de pain qui
formaient sa part, et qu'il avalait comme il eût
avalé des mouches.

Toute communauté avait donc cessé entre Roméo
et Jupiter depuis leur arrivée au château, ils ne
s'étaient rencontrés qu'à de rares intervalles, encore Roméo avait-il détourné la tête pour se dis-
penser de faire un signe amical à son ancien compagnon.

Octave ne s'occupait même plus de Jupiter, et s'il
lui arrivait de l'apercevoir sur les talons de Jean,
il disait chaque fois :

« Les deux rustres! ils sont bien faits l'un pour
l'autre. »

Il faut dire que Jean était un gros garçon solidement bâti, mais sans la moindre élégance. Sa phy-

sionomie franche et intrépide plaisait cependant au premier abord, et un enfant plus intelligent ou moins prévenu qu'Octave contre tout ce qui manquait extérieurement de distinction, aurait certainement vu en lui autre chose qu'un butor.

Octave l'eût volontiers fait chasser de la ferme aussi bien que Jupiter, s'il en eût été le maître.

Mais si entêté qu'il fût dans ses préventions, le malheureux Octave ne devait pas être longtemps sans reconnaître la justesse des observations de son père.

Plus libre à la campagne qu'à Paris, Octave avait la permission de se promener seul dans toutes les dépendances du château; son père lui avait seulement interdit d'en franchir les limites, au delà desquelles se trouvaient, d'un côté une épaisse forêt, et de l'autre des champs cultivés.

Les champs qu'on pouvait embrasser d'un seul coup d'œil, et où l'on ne voyait guère que des paysans, gens trop mal vêtus pour qu'Octave en fît le moindre cas, le laissaient dans la plus complète indifférence; il n'en était pas de même de la forêt où il n'avait jamais pénétré, et qu'il supposait remplie de merveilles.

Son père s'était bien engagé à la lui faire visiter en détail, mais il n'avait pas encore tenu sa promesse. Octave, que cela impatientait, résolut d'y faire une petite promenade dans la seule compagnie de Roméo. C'était désobéir à son père, mais son père était absent depuis le matin, et il espérait qu'il ne saurait rien de son escapade. Il saisit donc le moment où il n'était surveillé par personne, et s'enfuit avec son chien favori dans la forêt.

Le soleil du printemps passait joyeusement à travers les arbres dont les feuilles, d'un vert tendre, n'avaient pas encore acquis tout leur développement, et échauffait la terre d'où s'émanaient mille senteurs fraîches et vivifiantes. Octave se sentait léger comme une abeille, et il marchait en excitant du bout de sa cravache l'élégant Roméo qui bondissait gaiement autour de lui.

Parfois, l'enfant s'arrêtait pour écouter le chant des oiseaux ou pour voir courir un lièvre qui, ses

oreilles droites et sa petite queue retroussée, s'enfuyait rapide comme le vent à leur approche :

« A toi, Roméo ! » criait naïvement Octave.

Mais Roméo, après un regard indifférent jeté sur le lièvre, le laissait accomplir paisiblement sa course, et continuait ses gambades autour de son jeune maître.

« Paresseux ! » s'écriait l'enfant, et il poursuivait sa promenade sans trop savoir où il allait et sans s'inquiéter du chemin qui devait le ramener au château.

Pendant ce temps, M. Delacroix rentrait chez lui et y trouvait une lettre de l'officier de louveterie qui l'informait qu'on avait aperçu deux loups dans les environs et lui demandait de se réunir à plusieurs chasseurs pour en débarrasser le pays.

La première pensée de M. Delacroix fut de demander son fils afin de lui intimer l'ordre de ne pas dépasser les murs du château dans ses promenades.

On chercha et on appela Octave de tous côtés.

Point d'Octave, point de Roméo.

Enfin, on acquit la certitude qu'ils étaient allés se promener ensemble.

M. et Mme Delacroix étaient dans la plus vive inquiétude; il n'y avait pas à hésiter une seconde, le moindre retard pouvait être fatal à l'enfant sorti sans aucune défiance. M. Delacroix prit son fusil, et fit appeler son fermier qui était un excellent chasseur.

Le fermier se trouvait absent; mais Jean vint aussitôt s'offrir à remplacer son père.

Il avait tué pendant le dernier hiver un loup qui tentait de s'introduire dans la bergerie et il était tout prêt à en tuer d'autres puisque l'occasion s'en présentait.

« Et comment as-tu tué le loup dont tu parles? demanda M. Delacroix.

— D'un coup de fourche et je l'eusse tué aussi facilement d'un coup de fusil. D'ailleurs, monsieur, nous serons deux, sans compter Jupiter qui ferait, j'en suis certain, une bonne partie de la besogne, si cela devenait nécessaire...

— Je n'en doute pas, et d'abord c'est sur lui que je compte pour nous mettre sur les traces de mon fils. »

Jupiter semblait avoir compris les paroles de M. Delacroix et se promenait avec impatience autour des deux chasseurs.

M. Delacroix se fit apporter un vêtement d'Octave, le donna à flairer à Jupiter et lui dit :

« Cherche ! »

Le chien s'orienta aussitôt, erra quelque temps dans les jardins du château, et se dirigea finalement vers une petite porte qui donnait sur la forêt.

La porte était restée entr'ouverte.

« C'est par là qu'il est sorti, » dit M. Delacroix; puis il ajouta : « Imprudent enfant! Dieu veuille

qu'il ne soit pas cruellement puni de sa désobéis-
sance ! »

Depuis que Jupiter avait trouvé la piste d'Octave,
il marchait sans s'arrêter et sans aucune hésita-

tion... de temps en temps seulement il flairait le
sol pour s'assurer qu'il ne s'égarait pas.

M. Delacroix et Jean le suivaient en silence, sans
cesser de regarder attentivement autour d'eux.

« Octave ! Octave ! » appelait M. Delacroix chaque
fois qu'il se trouvait au milieu d'un carrefour.

Mais aucun cri ne répondait au sien. Jupiter,

8

lui, s'enfonçait de plus en plus dans la forêt, sans que l'entre-croisement des avenues l'arrêtât une seconde.

Il y avait déjà longtemps qu'ils marchaient ou plutôt qu'ils couraient ainsi, quand ils aperçurent un animal blanc, qui, de très-loin, semblait venir dans leur direction avec une étonnante rapidité.

« Mais c'est Roméo ! » s'écria M. Delacroix dont la vue était excellente... « Mon Dieu ! qu'est-il donc arrivé pour qu'il ait ainsi abandonné son jeune maître ? » Et un frisson glacial parcourut tout son corps.

Quelques secondes après, Roméo croisait Jupiter et passait à côté des deux chasseurs sans vouloir les reconnaître, sans consentir à s'arrêter; le malheureux animal qui fuyait vers le château paraissait fou de terreur.

De son côté, Jupiter précipitait sa marche en grondant sourdement.

M. Delacroix devint tout pâle, de grosses gouttes de sueur froide tombaient de son front.

Jean n'était pas moins ému, il n'osait dire un mot, tant il lui semblait certain que le jeune Octave avait été attaqué par les loups.

Jupiter grondait et se hâtait de plus en plus.

Tout à coup il s'arrêta devant un épais fourré et se mit à aboyer avec fureur.

M. Delacroix et Jean s'élancèrent en avant, leur fusil armé et prêt à faire feu.

« Au secours! au secours! » criait une voix d'enfant.

C'était la voix d'Octave.

Un frémissement d'horreur agita les membres de M. Delacroix et du jeune fermier, et ils entrèrent immédiatement sous bois, précédés par Jupiter, lequel semblait avoir conscience du danger qu'ils couraient, et s'avançait avec prudence, mais sans cesser d'aboyer.

Le fourré était si épais qu'on ne pouvait voir à deux mètres devant soi, ni avancer qu'à travers un fouillis de grosses et de petites branches. Il avait fallu toute la folle curiosité d'un enfant pour s'aventurer dans pareil lieu.

En ce moment des hurlements se firent entendre, mais si près des chasseurs que ceux-ci s'arrêtèrent tout court.

« Au secours! au secours! » répétait Octave d'une voix lamentable.

M. Delacroix était dans une anxiété d'autant plus terrible qu'il venait de s'empêtrer dans un buisson d'épines.

« Par ici, monsieur ! » criait Jean qui avait enfin découvert un passage.

Au même instant on entendit un coup de feu suivi d'affreux hurlements.

M. Delacroix se dégagea par un violent effort et se précipita sur les traces de Jean.

Il arrivait juste pour voir un loup et une louve se débattant dans les dernières convulsions de l'agonie.

Le premier avait été tué par Jean, et l'autre étranglée d'un coup de gueule par le brave Jupiter qui s'était ensuite jeté sur cinq louveteaux dont pas un ne resta vivant.

« Octave ! s'écria M. Delacroix qui n'apercevait pas son fils.

— Je suis là, papa, » répondit l'enfant.

M. Delacroix leva la tête et vit enfin son fils qui, en apercevant les loups, avait eu le temps et la présence d'esprit de monter dans un chêne de moyenne grosseur.

« Descends donc, lui dit-il.

— Est-ce que tous les loups sont bien tués, papa ?

— Si bien tués que pas un ne ressuscitera. »

Il alla mettre un genou en terre devant Jupiter. (Page 119.)

Octave se laissa glisser de son arbre.

« J'ai failli mourir de peur, dit-il en se jetant dans les bras de son père.

— Tu n'as donc pas ordonné à Roméo de te défendre. »

Octave encore tout tremblant ne répondit pas, mais il alla mettre un genou en terre devant Jupiter, entoura le gros chien de ses bras et le baisa à plusieurs reprises sur sa grosse tête, ne pouvant le baiser sur son museau encore tout sanglant.

« A la bonne heure ! mon cher Octave, voilà ce qui s'appelle réparer ses torts, car pendant que ton joli Roméo t'abandonnait aux bêtes fauves, ce brave Jupiter nous conduisait jusqu'ici, où, sans lui, tu aurais été infailliblement dévoré par les loups. »

Octave se releva les yeux pleins de larmes.

Un instant après, il sauta au cou de Jean, car lui aussi s'était hâté de venir à son secours.

Pendant ce temps Jupiter remuait sa queue en panache et poussait des grognements de satisfaction.

« Rentrons au château ! » dit enfin M. Delacroix.

Jean chargea le loup qu'il avait tué sur ses épaules, mit la louve en travers du dos de Jupiter, ainsi que les cinq louveteaux qui furent liés ensemble.

« Allons, Jean, passe le premier avec Jupiter, c'est votre droit aujourd'hui et j'exige que vous en usiez. »

Jean voulut se refuser à un pareil honneur, mais il dut obéir.

On se mit en route et chemin faisant M. Delacroix dit tout bas à Octave en lui montrant Jean et Jupiter :

« C'est aujourd'hui, n'est-ce pas, que les deux rustres ont surtout été dignes l'un de l'autre ?

— Oh ! papa, j'étais bien injuste, je ne veux plus l'être ; Jean et Jupiter seront mes amis.

— Et ton brillant Roméo ?

— Tout ce qui brille n'est pas or, tu me l'avais bien dit, et je le sais maintenant par expérience. Quand je pense que ce vilain Roméo était si pressé de fuir les loups qu'il est passé entre mes jambes et m'a fait tomber, si bien que j'ai failli ne pas avoir le temps de me réfugier dans un arbre.

— Tu auras encore retiré de tout ceci ce second enseignement, qu'il ne faut admettre dans son intimité ni les poltrons ni les imbéciles. »

La mère d'Octave, qui avait eu d'affreux pressentiments en voyant Roméo revenir seul au château, s'était élancée à son tour sur les traces de son mari.

Roméo refusa de la suivre, et se tint même par

mesure de prudence, obstinément blotti sous un meuble.

Le cortége des chasseurs qu'elle rencontra au milieu de la forêt lui expliqua ce qui s'était passé.

La pauvre mère pleurait à sanglots en songeant aux dangers qu'avait courus son fils.

Le retour au château fut une véritable fête.

Jean et Jupiter qui eurent leur place à table furent les héros de la soirée.

Bien que Jupiter mangeât sans serviette, et ses deux pattes sur la table, il n'étonna pas moins tout

le monde par son air grave, sa bonne tenue et son exquise propreté. On remarqua encore qu'il ne re-

fusait rien de ce qu'on lui offrait et qu'il ne laissa
pas les plus petites miettes à sa place.

Quant à Roméo, on l'enferma à l'écurie, d'abord
pour le punir de sa lâcheté et ensuite dans l'espoir
qu'il pourrait au moins s'employer à la chasse aux
souris. Mais les petites bêtes qui l'avaient jugé au
premier coup d'œil venaient jouer et grignoter jusque dans ses pattes.

Octave finit par convenir de lui-même que le
beau Roméo était un animal inutile, et Jupiter le
roi des chiens.

QUI VEUT VOYAGER LOIN

MÉNAGE SA MONTURE.

QUI VEUT
VOYAGER LOIN
MENAGE SA
MONTURE

Les collèges et les pensions venaient
de congédier leurs élèves partis joyeusement en vacances.

Les uns s'étaient dirigés vers de grandes forêts bien sombres, les autres vers
les bords de la mer; d'autres encore
étaient tout simplement allés rejoindre
leurs parents à la campagne ou dans
l'intérieur de Paris, ce grand étouffoir de
l'enfance et de la jeunesse.

Robert et René étaient deux amis intimes, deux amis comme on en voit peu, deux amis comme on n'en voit pas.

Leurs mères elles-mêmes, amies de couvent, depuis leur rentrée dans le monde n'avaient pas cessé de se voir; Robert et René étaient nés à dix-huit mois d'intervalle.

On ne pouvait pas se connaître depuis plus longtemps.

Ajoutez à cela qu'ils avaient eu la même nourrice, et vécu, l'un succédant à l'autre, sous l'influence du même air et des mêmes habitudes. Il ne leur manquait que de faire leurs études au même collège, car l'un suivait les cours de Charlemagne et l'autre ceux du Lycée Bonaparte; mais cela n'avait dépendu ni d'eux ni de leurs familles.

Les deux amis remédièrent à ce désagrément par une correspondance très-active, où il était souvent question, entre autres choses, des ennuis causés par la confection du thème, de la version et des vers latins, trois choses dont l'utilité ne leur semblait pas suffisamment démontrée. Ils parlaient encore, et bien malgré eux, de l'injustice de leurs professeurs qui les mettaient en retenue *pour rien* absolument; c'en était révoltant.

L'approche des vacances affaiblit de beaucoup leur mutuelle indignation contre les études, et ils ne songèrent plus guère qu'à passer une partie de ce bienheureux temps à se divertir ensemble.

Robert avait deux sœurs mariées à des capitaines d'artillerie, lesquels possédaient nécessairement d'excellents chevaux, et des *ordonnances* pour les soigner. L'ordonnance est, comme chacun sait, un soldat affecté au service des officiers. Aussi Robert trouvant toujours sous la main des chevaux les jours de congé, se prit d'un bel amour pour l'équitation. René profitant des mêmes circonstances, contracta tout naturellement le même goût. Réunis, ils ne parlaient plus que de chevaux, cela d'ailleurs grossissait leur importance à leurs propres yeux; ils étaient maintenant des hommes, à n'en plus douter.

Robert disait à René :

« Viens me voir dimanche et nous ferons une promenade à cheval. »

Cette phrase paraissait très-belle à Robert, surtout lorsqu'il y avait là quelqu'un d'étranger pour l'entendre. Il faut dire que chaque fois on conduisait leurs chevaux par la bride dans la crainte qu'il n'arrivât malheur aux écuyers.

Cette manière de monter à cheval sous la tutelle de deux ordonnances semblait aux collégiens manquer de dignité; mais les beaux-frères étaient inexorables sur ce point, et il fallait se soumettre à leur volonté, ou bien rentrer dans la classe vulgaire des piétons.

Robert résolut de faire cesser un pareil état de

choses, et comme il n'y allait pas par quatre che-
mins dans les grandes occasions, il demanda tout
net à son père de lui acheter un cheval pour le
temps des vacances.

« Un cheval! Oh! oh! tu deviens fou, mon cher
enfant, dit le père.

— Pourquoi, papa?

— D'abord parce qu'avec le cheval il te faudrait
un domestique, et tout cela constitue une grosse
dépense que je ne veux pas faire par la seule raison
qu'elle est inutile.

— Mais, papa, je le soignerai moi-même, et en ce
qui concerne sa nourriture, il y a bien assez d'herbe
dans le jardin pour le rassasier.

— Tu prends un cheval pour un lapin, mon cher
enfant; mais en admettant que ce que tu dis là ait
le sens commun, je ne t'achèterais pas davantage
un cheval.

— Cependant, papa, si....

— Non! tu n'es pas d'âge à posséder ni à gouverner un cheval.

— Mais pour les vacances seulement, papa, tu le
revendras ensuite, reprit Robert qui ne lâchait pas
prise facilement.

— Avec un gros bénéfice, bien certainement. Non,
mon cher enfant, que cela soit dit une bonne
fois. Les maris de tes sœurs ont des chevaux,
tu continueras de les monter avec leur permis-

sion, ou tu iras tout simplement à pied, comme
ton père.

— Oui, monter sur un cheval qu'on vous tient
par la bride, c'est bien joli; j'aimerais mieux aller
sur un âne qui serait à moi, et que j'aurais le droit
de conduire à ma fantaisie.

— Dis-tu ce que tu penses?

— Oui, papa.

— Voilà qui change la question.

— Tu voudrais bien m'acheter un âne, cher
papa?

— Oui, mon cher Robert, et c'est un tort, car je
suis certain que tu es incapable de le soigner tout
seul.

— Je t'aurai bien vite prouvé le contraire. »

Le père de Robert tint parole à son fils, et René
recevait dès le surlendemain la lettre suivante:

« MON CHER RENÉ,

« Papa à qui j'avais demandé un cheval pour passer nos vacances agréablement, n'a consenti qu'à
me donner un âne; mais c'est un bien bel âne. Il
n'est pas comme ces vilains baudets qui ont le dos
creux et dont le ventre descend à quelques centimètres de terre. Coco, c'est le nom de mon âne,
est très-bien fait. Il est tout noir, a les jambes très-
fines et les sabots très-petits; il a de longues oreilles

9

qu'il porte très-bien, et une belle queue. Son nez
est aussi doux que du velours, en un mot il est si
grand et si beau que beaucoup de personnes le
prendront pour un mulet, j'en suis certain d'avance.

Il est tout à fait gentil de caractère et mange dans
ma main comme la chèvre que nous avions l'année
dernière. On dit que les ânes sont bêtes, mais je
t'assure que Coco est très-spirituel: il tourne la
tête dès que j'entre dans son écurie et a l'air de me

sourire ; il est vrai que je l'ai embrassé plus de cent
fois depuis hier, et que je lui ai donné je ne sais
combien de morceaux de sucre. Je lui en aurais
donné bien davantage, mais papa prétend que ça
l'échaufferait. Je lui ai mis de la pommade pour
rendre son poil luisant, et de plus, j'ai verni ses
sabots. Si tu avais vu sa joie et comme il avançait
ses petits pieds afin de faciliter ma besogne !

« Je ne veux pas te vanter plus longtemps mon
âne, tu dirais que j'exagère, tu le jugeras par toi-
même, car tu voudras bien dire à ton père, c'est-
à-dire à mon parrain, que je le prie de te laisser
venir passer quinze jours au moins avec moi.... Papa
lui écrit en même temps que je fais cette lettre
pour l'en prier à son tour.

« J'ai eu un moment l'idée d'aller te chercher
avec Coco, mais papa prétend qu'il y a bien sept
lieues de Charenton à Maisons-Laffite, et que ce serait beaucoup pour un âne. J'en suis très-fâché,
car Coco est bien fort, et nous aurions pu revenir
tous les deux sur son dos. On aurait mis ta petite
valise en croupe.

« Il n'y faut pas songer.

« Au revoir, mon cher René, je t'embrasse comme
je t'aime et t'attends avec impatience.

« Ton ami, ROBERT. »

« *P. S.* Je vais annoncer ton arrivée à Coco. »

René bondit de joie à la lecture de cette gracieuse
lettre, et comme son père consentit facilement à
ce petit voyage, il partit dès le lendemain pour se
rendre chez son ami. Seulement son départ fut re-
tardé de quelques heures par la nécessité de mettre
en état certains effets à son usage, et qu'il devait
emporter. Robert qui l'attendait vers midi ne le vit
arriver qu'à six heures du soir. Il s'était promené
pendant tout ce temps monté sur son âne, et bar-
rant en quelque sorte la route pour ne pas manquer son ami.

René eut à peine aperçu Robert qu'il sauta lestement de voiture, son bagage à la main. Deux cris
de joie partirent en même temps. Quant à Coco qui
était vraiment plein d'esprit, il se mit à braire pour
fêter l'arrivée du meilleur ami de son maître.

« Hein ? comme il est gentil, fit Robert.

— Oui, il est très-beau ! dit consciencieusement
René tout en caressant l'animal.

— Nous allons bien nous amuser, reprit Robert.

— Oh ! oui, » répondit René.

Ils passèrent dix minutes ainsi devant la maison;
le premier, faisant valoir les perfections de sa monture; le second, applaudissant à tout ce que l'autre
en disait. Ils seraient bien restés là deux heures,
si le père de Robert ne se fût enfin écrié :

« Eh bien, René, tu ne viens pas m'embrasser ?

— Pardon, mon parrain, répondit celui-ci, en

s'arrachant à sa contemplation, puis il alla souhaiter le bonjour au père de son ami, et lui transmettre les nouvelles et les compliments dont il était chargé pour lui.

— J'espère que vous allez bien vous divertir avec monsieur Coco, dit le père.

— Oui, mon parrain.

— — Seulement : *qui veut voyager loin ménage sa monture*, mes chers enfants, ce qui revient à dire que vous ferez sagement de ne pas trop fatiguer Coco si vous voulez qu'il dure jusqu'à la fin des vacances.

— Oh papa !... quelle idée !... J'espère bien le conserver pendant plusieurs années, s'écria Robert.

— Alors n'oublie pas ma recommandation.

— Non, papa. Viens-tu, René ?

— Où veux-tu donc l'emmener ?

— Mais, papa, je veux lui faire essayer mon âne.....

— Et dîner !... Car René doit avoir faim.

— C'est vrai, papa.

— Prends garde, voilà déjà que tu en perds le boire et le manger, comme on dit vulgairement. »

Le dîner ne dura pas longtemps pour les deux amis qui brûlaient de rejoindre Coco.

Mais plus de Coco ! Le baudet qu'on avait attaché trop négligemment à un arbre, avait disparu pendant l'absence de son maître.

« Où donc est passé Coco ? s'écria Robert stupéfait.

— Au fait ? fit René.

— Bon ! le voilà là-bas, reprit Robert.

— Où donc ?

— Dans le verger. »

Les deux amis y coururent.

L'âne s'était mis à l'ombre sous un arbre, et croquait tranquillement des pommes vertes qui en étaient tombées.

« Coco ! vilain gourmand ! » cria Robert qui n'était plus qu'à quelques pas de l'âne.

Coco tourna la tête, croqua une dernière pomme, et s'enfuit vingt mètres plus loin sous un autre pommier où il se livra de nouveau au péché de la gourmandise.

Robert et René le poursuivirent en riant.

Coco, les voyant arriver, reprit sa course en s'élançant cette fois vers le potager.

Le jardin était immense et l'âne eût pu continuer ce jeu jusqu'au lendemain, si le jardinier épouvanté de le voir caracoler au milieu de ses salades ne l'avait saisi traîtreusement par la bride pour le ramener à son maître.

« Voilà un âne qui fera de *la belle ouvrage* dans le jardin, si ça continue, dit-il d'un ton de mauvaise humeur.

— Soyez tranquille, père Étienne, je l'attacherai mieux à l'avenir. »

Le jardinier s'éloigna en grommelant.

René était déjà monté sur Coco et essayait de le faire galoper au milieu d'une belle avenue de tilleuls.

Le baudet courait bien pendant quelques secondes, par amour-propre, et pour montrer ce

qu'il savait faire, puis il s'arrêtait tout court sans en être prié.

« Hue ! » criait Robert.

Coco repartait, mais pour s'arrêter aussitôt.

René pensait que Robert lui avait passablement surfait son âne.

Le père de son ami, caché depuis quelque temps derrière un arbre, parut tout à coup.

« Attendez un peu, dit-il, je vais le faire galoper. »

Et prenant l'âne par la bride, il le mena devant un chemin qui aboutissait droit à son écurie.

« Hue ! » lui dit-il à son tour.

L'âne partit comme un trait.

Robert en était émerveillé, quant à René que le galop de l'âne prenait en traître, il avait eu toutes les peines du monde à s'assurer sur sa selle, aussi partagea-t-il sincèrement le plaisir qu'éprouva Coco en rentrant dans son écurie où ce dernier l'introduisit sans façon.

« As-tu compris ? demanda aussitôt le père de Robert à son fils.

— Quoi, papa ?

— Le langage de Coco.

— Non, papa.

— Eh bien, Coco vient de te dire qu'après ses six heures de faction sur la grande route, il n'avait plus guère de jambes que pour retourner à l'écurie.

— Tu crois, papa ?

— Sans doute, et tu feras bien d'aller le dessangler pour lui permettre de dormir plus à l'aise, surtout en vue de cette grande promenade que tu lui réserves pour demain. »

Robert trouva en arrivant à l'écurie sa besogne faite par René, lequel avait voulu se donner le plaisir de coucher Coco lui-même.

Robert crut devoir s'assurer que Coco était à son aise, puis il l'embrassa plusieurs fois à la grande joie de René, et lui souhaita une bonne nuit.

L'âne dormait déjà.

Une heure après, les deux amis retirés dans leur chambre, s'entretenaient du plaisir qu'ils auraient le lendemain. On devait aller à Vincennes visiter le champ de manœuvres et les préparatifs faits

pour le tir de nuit. On dînerait ensuite chez une des sœurs de Robert, et peut-être assisterait-on à l'exercice à feu, ce qui habituerait Coco au bruit du canon, car enfin, fit observer Robert, on ne sait jamais ce qui peut arriver.

René était parfaitement de cet avis.

Le lendemain matin, les deux amis furent sur pied dès cinq heures, au grand déplaisir de Coco ; le pauvre baudet trouvait, sans doute, qu'on le réveillait trop tôt, ce qu'il fit comprendre à son maître, en brayant d'une voix retentissante. Coco eût infailliblement mis toute la maison en alerte si René ne s'était empressé de lui fermer la bouche avec une grosse poignée de foin. Coco se calma et l'on procéda à sa toilette, c'est-à-dire qu'on le bouchonna, on lui vernit ses sabots, et on lui parfuma la tête et la naissance du cou pour utiliser un reste de pommade. Il n'en sentait pas moins la violette, odeur fort distinguée pour un âne.

« Tiens, René, vois comme il sent bon.

— Oh ! très-bon, » dit René.

On lui mit ensuite sa selle qui était toute neuve et en beau cuir jaune, ce qui tranchait admirablement sur sa robe noire ; tout le monde sait que le jaune est le fard des bruns.

Ces apprêts faits avec le plus grand soin avaient pris deux bonnes heures.

Le père de Robert en descendant au jardin se rendit tout droit à l'écurie, certain d'y rencontrer les deux collégiens.

« Oh ! oh ! déjà sur pied *tous les trois* et en toilette ! s'écria-t-il en riant.

— Oh ! papa, qui nous confond avec l'âne.

— Du moment que vous êtes inséparables.

— Après tout, Coco est si gentil que ça nous est bien égal, n'est-ce pas René ?

— Tout à fait égal.

— Ce que j'ai dit ne peut donc humilier que Coco.

— Oh ! papa !...

— Oh ! parrain !...

— Croyez-vous donc que la pauvre bête ait une très-bonne opinion de vous deux ?

— Pourquoi ne l'aurait-elle pas ? cher parrain.

— Tout simplement parce que vous l'avez bouchonnée, lustrée, vernie, pommadée, sellée et bridée avant de lui faire manger son picotin d'avoine.

— C'est vrai ! dirent les deux amis assez surpris de leur bévue.

— Voyons, débridez-la, qu'elle puisse déjeuner pendant que vous viendrez en faire autant avec moi, car vous avez décidé, je crois, de vous mettre en route immédiatement.

— Oh ! tout de suite, dit Robert, car il vaut mieux partir tôt....

— Pour un si grand voyage : de Charenton à Vincennes !... Après ça, vous avez peut-être l'intention de prendre par Neuilly pour avoir un motif de passer sous l'Arc-de-Triomphe avec Coco ? dit en riant le père de Robert.

— Papa, tu te moques de nous.... Nous voulons simplement faire le tour du bois de Vincennes avant d'aller chez ma sœur.

— Partez donc, mes enfants. »

On remit la bride à Coco qu'on eut assez de peine à tirer de son écurie.... Il se décida pourtant à mettre le pied dehors.... Là, il s'arrêta pour jeter un long regard du côté du verger.... On devinait que le pauvre baudet avait rêvé de pommes vertes.

« Hue, Coco ! » crièrent impitoyablement les deux collégiens montés l'un en selle et l'autre en croupe.

Il n'y avait plus à hésiter, l'âne le comprit et se mit en marche.

Coco était très-fort, et comme il avait bien déjeuné, il partit allégrement avec ses deux cavaliers qui, somme toute, ne pesaient pas très-lourd.

« Allez, mes enfants, et pas d'imprudences, souvenez-vous de mes conseils, leur cria le père de Robert.

— Oui, papa.

— Oui, mon parrain. »

Ils n'étaient pas encore à cent pas de la maison que Robert se retourna sur sa selle pour dire à son ami :

« Hein, comme Coco va bien !

— Il va aussi bien qu'un cheval, répondit René.

— Si nous visitions Creteil avant d'aller à Vincennes ! reprit Robert.

— Ce n'est pas très-loin, dit René.

— Non, et puis Coco est si fort qu'il ferait bien dix lieues sans s'en apercevoir : il en ferait même vingt.

— Tu crois !

— Les ânes, vois-tu, sont infatigables, quoi qu'en dise papa. »

On se dirigea sur Creteil, en laissant à Coco son

trot naturel tant que la route était déserte, mais
en lui imposant le galop dès qu'il y paraissait quelqu'un. Robert se redressait alors, René l'imitait,
et tous deux passaient fièrement devant les promeneurs. Ce changement d'allure, très-souvent répété, impatientait Coco qui n'avait pas la vanité de
son maître.

Trois petits paysans, de l'âge de nos deux collégiens, venaient de se montrer sur la route.

Robert, René et l'âne recommencèrent leur jeu,
ne voulant pas perdre la plus petite occasion de se
faire admirer.

« Tiens ! trois ânes qui n'en *faisont* qu'un ! » s'é-
cria l'un des paysans avec un gros rire.

Robert avait l'oreille très-chatouilleuse, il arrêta
brusquement sa monture, se tourna sur sa selle, et
dit à l'insolent en le regardant en face :

« Qu'est-ce que vous avez dit ?

— J'ai dit : Tiens ! trois ânes qui n'en *faisont*
qu'un ! » répéta effrontément le paysan en riant de
nouveau, ainsi que ses deux camarades de sa
grosse plaisanterie.

Robert dit alors quelques paroles à l'oreille de
René.

« Oui, mais l'âne ? répondit celui-ci.

— L'âne nous attendra.... ce sera vite fait, tu
vas voir. »

Les deux amis mirent pied à terre ; ils étaient si

minces, si mignons, que leurs agresseurs ne pouvaient revenir de leur surprise en les voyant
s'avancer sur eux d'un air menaçant.

« Les *biaux étourniaux* qui veulent nous battre!
Ah! *ben*, nous allons rire, » s'écria alors celui qui
venait d'insulter les deux amis.

Il avait à peine énoncé son intention de bien
rire, que Robert et René, très-forts sur la boxe fran-
çaise, administraient à leurs trois adversaires une
grêle de coups de pieds et de coups de poings si
bien appliqués selon les règles, que les petits
rustres culbutés l'un sur l'autre ne furent pas longtemps sans crier à la garde de toutes leurs forces.

Leur honneur ainsi vengé, les deux parisiens
jetèrent un regard de souverain mépris sur leurs
ennemis renversés, et se retournèrent pour continuer leur chemin.

Mais hélas!... Coco en sa qualité d'âne très-spirituel, était parti en avant sans le moindre souci de
ses deux cavaliers. Il avait sans doute réfléchi que
le chemin que ses maîtres feraient à pied ils ne le
feraient pas sur son dos, et que ce serait autant
de gagné pour lui.

Peut-être avait-il encore l'espoir de rencontrer
quelque pommier sur sa route.

Le plus fâcheux pour nos deux vainqueurs était
l'obligation de courir après Coco, et le plus difficile
de le gagner de vitesse.

Mais ne faut-il pas qu'il y ait un grain d'amer-
tume au fond de toutes les victoires ?

Nos deux amis, qui jouissaient des avantages
d'une bonne éducation, se mirent sans hésiter au
pas gymnastique, les bras pliés et serrés au corps,
à la poursuite de Coco.

« Coco !... Coco !... gredin de Coco !... arrête ! »
criait de temps en temps Robert... Mais Coco n'entendait à rien.

« Il est décidément trop spirituel pour t'obéir, »
dit René qui s'amusait de la colère de son compagnon.

L'âne tournait de temps en temps la tête du côté de son maître, puis se remettait à courir de plus belle pour conserver précieusement sa distance. Il eût certainement causé une fluxion de poitrine à ses deux cavaliers, si le pont de Charenton où il venait de s'engager, n'avait été en ce moment obstrué par suite d'un accident de voiture.

Un âne est toujours âne par un côté quelconque ; Coco l'avait prouvé en ne regardant pas attentivement devant lui.

« Nous le tenons ! s'écria Robert en arrivant à l'entrée du pont juste au moment où sa monture rebroussait chemin dans l'espoir de lui échapper par un autre côté. Mais la tactique de Coco devait échouer devant la rapidité des deux collégiens qui se mirent en travers de sa route.

L'âne pris, rua bientôt sous la plus belle correction de coups de cravache qu'il eût encore reçue.

Coco n'était pas content.

« C'est pour t'apprendre à faire ton devoir une autre fois, » lui dit Robert.

Le pont redevenu libre, on remonta sur l'âne et l'on continua de se diriger vers Creteil, qui n'était plus fort loin.

« Enfin, voilà Creteil ! s'écria Robert.

— Tu y tiens donc beaucoup à ton Créteil ?

— Oui, car je veux dire bonjour à Sabayon qui est venu me voir sur son âne pour faire le *flam-*

bant. Un âne qui est extrêmement laid, et qui marche si drôlement qu'on croirait qu'il a des cors aux pieds.

— Et tu veux lui montrer Coco ?

— Tout simplement pour lui fermer la bouche, d'autant plus que c'est un vantard insupportable ; il a toujours les plus belles choses du monde et quand on les voit ça fait pitié.

« Il nous dit un jour à la pension qu'il possédait un très-beau fusil Lefaucheux ; nous sommes alors allés chez lui avec Bertrand pour admirer ce chef-d'œuvre. Devine ce que nous avons trouvé ?

— Je ne sais pas.

— Un fusil sans chiens avec des canons troués par la rouille:... En voilà un menteur !

— Et que disait Sabayon ?

— Lui ! il soutenait que sa ferraille ne demandait qu'une petite réparation pour redevenir un excellent fusil.

— C'est trop fort, dit René.

— Tiens, voilà où il demeure... Tu verras son âne ; il est drôle. Sabayon va vouloir nous montrer aussi sa basse-cour.... et son fameux coq ; il dit que c'est le roi de Siam qui l'a envoyé à son père. Oh ! il est menteur, ce Sabayon.

— Son coq est-il beau au moins ?

— Son coq ! il est tout déplumé et il a des ergots qui pourraient servir de porte-plumes.... Je suis

10

certain qu'il est plus vieux que le roi de Siam qui est censé l'avoir envoyé à son père.

« Mais tu vas voir tout ça de tes propres yeux, car nous voilà arrivés. »

Les deux collégiens s'arrêtèrent devant la grille d'une maison d'assez bonne apparence. Robert se pencha sur sa selle et tira le bouton d'une sonnette pour annoncer son arrivée.

Puis il dit à René:

« Nous entrerons sur Coco, ça fera plus d'effet.

— C'est une bonne idée, » répondit René.

Un jardinier vint ouvrir.

« Sabayon est-il là? lui demanda Robert, en prenant sa plus belle attitude de cavalier.

— M. Charles? répondit le jardinier.

— Précisément.

— Non monsieur, toute la famille est aux bains de mer, à Boulogne, pour deux mois.

— C'est fâcheux.... répliqua Robert très-con-
trarié ; enfin ce sera pour une autre fois.

— Ces messieurs ont là un bien bel âne, il est
presque aussi fort qu'un mulet, reprit le jardinier
en caressant Coco.

— Il est assez gentil, dit négligemment Robert.

— Il est très-beau, poursuivit le jardinier.

— Papa voulait m'acheter un cheval, mais j'ai
préféré un âne, c'est moins embarrassant, » répliqua Robert.

Puis certain d'avoir produit son effet sur le jardinier, il ajouta :

« Bonjour monsieur, vous aurez la bonté de dire
à Sabayon, que Robert, un de ses camarades de
pension, est venu pour lui rendre visite.

— Je reconnais bien monsieur pour l'avoir vu
jouer avec M. Charles. »

Robert salua, René en fit autant, et Coco fut
lancé à fond de train pour achever de conquérir
l'admiration du jardinier.

Peu à peu l'âne reprit son trot ordinaire.

« Je te disais bien qu'on prendrait Coco pour un
mulet.

— C'est vrai, répondit René.

— Avec tout ça, je suis bien fâché que ce vantard de Sabayon n'ait pas été chez lui.... Aurait-il
enragé ! Et puis nous aurions ri de ses bêtises.

— Moi, je suis certain que le jardinier lui fera

l'éloge de ton âne ; il l'a trop admiré pour n'en rien dire.

— C'est à cause de cela que j'ai parlé , sans avoir l'air d'y attacher de l'importance , d'un cheval que papa voulait me donner.

— J'ai bien compris.

— C'est Sabayon qui va en conter sur les bains de mer, à la rentrée des vacances. Il aura fait au moins trois lieues à la nage chaque matin , et mangé de la baleine à tous ses repas.

— Dis donc, où allons-nous maintenant ? demanda René.

— A Nogent en suivant la Marne ; nous reviendrons ensuite chez ma sœur par le bois de Vincennes.

— Il me semble que c'est bien loin, Nogent.

— A pied.... Mais avec Coco.

— Ça le fatiguera peut-être beaucoup, ton âne ?

— Lui ! je te répète qu'il ferait au moins vingt lieues.

— Si tu en es sûr ?

— Parbleu.

— Qu'est-ce que nous ferons à Nogent ?

— Nous irons voir Balthazar, un élève de ma pension.

— Ah ! Est-il aussi bête que Sabayon, celui-là ?

— Oh non ! il est au contraire très-amusant.... c'est mon voisin de gauche et nous faisons toujours la cuisine ensemble, dans son pupitre, parce que j'élève des vers à soie dans le mien ; nous sommes associés pour les deux choses.

— Alors c'est un bon garçon.... dit René.

— Et drôle ! si tu savais :... tout l'amuse, il raconte toujours des histoires à faire pouffer de rire. Par exemple, il vous fait souvent mettre en retenue par ses bêtises, mais sans le vouloir, car ce n'est pas lui qui irait *cafarder*.... Au contraire, il défend toujours les autres.... Et puis c'est tout à fait un bon camarade.... Ainsi tu sais que j'ai eu la coqueluche l'hiver dernier, et qu'on m'avait mis à l'infirmerie.... Eh bien il venait tous les jours m'y voir en cachette, et me disait :

« On prétend que la coqueluche est contagieu-
« se , donne-la moi donc tout de suite, de cette

« manière je viendrai tousser avec toi; ça t'en-
« nuiera moins. »

— Comme tu le dis , c'est un bon camarade , répondit Réné touché par ce dernier trait.

— Très-bon.... Il serait déjà venu me voir plus de vingt fois depuis que nous sommes en vacan-ces.... Mais son père ne veut pas le laisser sortir seul, sous prétexte qu'il est trop étourdi.

— Tu sais que les parents ont leurs idées.

— C'est comme papa qui prétend toujours que je vais me faire écraser dans les rues de Paris. Si tu savais tout ce qu'il m'a dit sur le méchant caractère des ânes avant de me laisser partir.... répondit René d'un air capable.

— C'est qu'il prenait Coco pour un âne ordinaire, » fit Robert.

Coco pendant ce temps faisait son service au petit trot, sans se soucier le moins du monde de la conversation de ses cavaliers. Il se demandait seulement, à part lui, pourquoi l'on avait la rage de toujours lui monter sur le dos ou de l'atteler à quelque chose, de le pousser à droite quand il eût préféré aller à gauche. Tout cela lui paraissait tyrannique autant qu'insensé.

Son rêve eût été de se diriger à sa fantaisie comme tant d'autres animaux qui ne valaient pas mieux que lui, mais il sentait vaguement que ce bonheur n'était pas réservé à son espèce, et il se résignait.

Ils étaient arrivés au pied de la colline qui sert d'assise au village de Nogent.

Robert s'informa de la demeure de Balthazar qu'on lui indiqua aussitôt.

Par malheur, Balthazar était allé de l'autre côté de Paris, avec son père, pour visiter le jardin d'acclimatation.

« Quel contre-temps! » dit Robert.

Les deux collégiens furent reçus par la sœur aînée de Balthazar, une jeune fille de dix-sept ans, qui leur exprima ses regrets de l'absence de son frère, et les pria de vouloir bien se reposer un moment.

Robert s'excusa de ne pouvoir accepter cette offre gracieuse, à cause de la nécessité où il se trouvait de rendre plusieurs autres visites. Il pria à son tour la jeune fille de dire à Balthazar que son ami Robert était venu pour le voir en compagnie de René dont il lui avait parlé bien souvent.

« Et j'ajouterai que ces deux messieurs sont venus sur un bien bel âne, » reprit la jeune fille en souriant.

Robert, qui, après tout, n'en demandait pas davantage, sourit à son tour, salua, et partit au galop pour ajouter, d'après son système, à la bonne impression qu'il était certain d'avoir produite sur la sœur de son ami Balthazar.

Quand Coco eut ralenti sa marche, ce qui arriva au bout d'une centaine de pas, Robert dit à René :

« Si nous allions jusqu'à Noisy-le-Grand, souhaiter le bonjour à Taillefer ?

— Qui ça, Taillefer ?

— C'est mon voisin de droite à la pension.

— Est-ce qu'il est amusant ?

— Pas trop, il dort presque toujours.

— Pourquoi tiens-tu donc à le voir ?

— Dame, tu sais, c'est un camarade.

— Eh bien! allons chez lui.... Mais est-ce que ce n'est pas très-loin, Noisy-le-Grand ?

— Non, c'est de l'autre côté de la Marne, un peu au-dessus de Brie.

— C'est que ce pauvre Coco sera peut-être bien fatigué.

— Je te dis qu'il ferait vingt lieues. »

René comprit que son ami éprouvait un ardent désir de se montrer sur son âne à tous ses camarades et qu'il eût, dans cette intention, fait les plus grands sacrifices pour les réunir sur une seule ligne et les passer triomphalement en revue.

Cependant comme le dos des ânes forme une arête assez aiguë, et qu'il est par conséquent désagréable de les monter longtemps à poil, René crut devoir répondre à la proposition de son ami Robert par une autre proposition; celle de changer de place avec lui.

« C'est juste, fit Robert, seulement tu ne sauras peut-être pas conduire Coco.

— Sois tranquille.... Et puis je te rendrai ta place dès que nous approcherons de Noisy » dit René devinant le véritable motif de l'objection de Robert.

Celui-ci, rassuré sur ce point, quitta immédiatement sa selle pour la céder à son ami.

On trotta ainsi une bonne demi-heure sans échanger une parole. René était absorbé par la conduite de l'âne, et Robert par les soins qu'il prenait pour capitonner l'épine dorsale de Coco. Il avait plié son

mouchoir en quatre dans cette intention ; mais
comme il n'en obtenait qu'un résultat à peu près
nul, il avait fini par se faire une selle de ses deux
mains.... et puis comme cette seconde manière
était très-fatigante, il s'était placé résolûment en
travers de son âne, à la façon des demoiselles, position assez humiliante pour un cavalier de son
importance ; mais il préférait cet ennui à l'autre.

Coco, assez étonné de la gymnastique que Robert exécutait sur sa croupe, n'en allait pas moins
un assez bon train, grâce à René qui le tenait en
haleine, si bien qu'ils n'étaient plus qu'à quelques
centaines de pas de Noisy-le-Grand.

René reprit donc sa première place et Robert se
retrouva en selle.

Mais autre mésaventure !

Le somnolent Taillefer, parti le matin pour aller
pêcher à la ligne, s'était endormi pendant son divertissement, et il avait fait une chute dans la
Marne, d'où on l'avait retiré aux trois quarts as-
phyxié. On le soignait au lit dans ce moment.

René ne put s'empêcher de rire de la troisième
déconvenue de Robert qui ne pouvait arriver à sa-
tisfaire sa petite vanité devant un seul de ses camarades de pension.

Mais Robert ne se démontait pas facilement, et
il reprit après un moment de silence :

« Si tu voulais, nous irions jusqu'à Chelles.

— Ah!... mais es-tu certain cette fois d'y rencontrer quelqu'un de ta pension? répondit tranquillement René.

— Oh! je ne pense plus à ça, » répliqua Robert, qui dissimulait, de crainte que son ami ne se moquât de lui.

Le célèbre village se dessinait déjà nettement à leurs yeux quand Robert, qui avait gardé sa place en selle, vit tout à coup un certain nombre de personnes déboucher sur la route qu'il suivait.

Il se redressa immédiatement.

« Hue, Coco! » cria-t-il.

L'âne comprit la situation et se mit à galoper.

Robert avait un visage radieux, il venait de reconnaître son ami Brafin qui se promenait en famille, c'est-à-dire avec son père, sa mère et ses deux sœurs. L'occasion de briller était admirable.

« Enfin! » se dit-il sans faire part de sa joie à René.

Il allait rapidement au-devant de la famille Brafin qui, elle, s'avançait d'un pas de promenade.

Quelques mètres les séparaient encore.

« Robert? s'écria tout à coup Brafin en recon-
naissant le cavalier dont la belle tenue avait attiré
ses regards.

— Brafin ! » s'écria Robert en jouant l'étonnement.

Brafin, d'un naturel très-expansif, se mit alors à
danser devant l'âne en poussant de grands cris de
joie.

Par malheur Coco, peu habitué à cette panto-
mime bruyante, fit un brusque saut en arrière.

Cette manœuvre le débarrassa en même temps
de Robert, qu'il envoya par-dessus sa tête, et de
René, qui tomba sur les talons de son ami.

Des rires étouffés accueillirent la cabriole des
deux collégiens, qui ne s'étaient fait aucun mal.

L'âne garda une attitude indifférente.

L'entrevue avec la famille Brafin avait commencé
d'une façon trop ridicule pour se prolonger. Aussi
les collégiens, tout en faisant bonne contenance et
après avoir beaucoup ri de leur accident, se hâ-
tèrent-ils de remonter sur Coco, et de poursuivre
bravement leur chemin.

Un peu plus loin, Robert dit à René :

« Est-il bête, ce Brafin avec sa danse de sauvage !

Cette manœuvre le débarrassa de Robert. (Page 156.)

— Dame, c'était le plaisir de te voir.

— C'est possible, mais il racontera, dès que nous rentrerons à la pension, ma culbute à toute la classe, et l'amusera à mes dépens.

— Dans ce cas-là, mon cher, on rit plus fort que les autres et ça finit tout de suite, » répliqua René.

Robert reprit :

« Dis donc, nous allons revenir par Villemonble.

— Ah !

— Puis par Rosny-sous-Bois et par Fontenay qui touche à Vincennes.

— Comme tu voudras.

— Une autre idée ! Si nous allions jusqu'à Bondy, nous visiterions la forêt, reprit Robert.

— Mais c'est loin Bondy, et Coco....

— Puisque je te dis qu'il ferait vingt lieues.

— Si tu en es certain.

— Mais oui. »

On se dirigea sur Bondy, au grand désappointement de l'âne, qui ne fut pas sans s'apercevoir qu'on s'éloignait de plus en plus de son écurie.

René s'était remis en selle et Robert en croupe, toujours à la manière des demoiselles.

Son ami le plaisantait fort sur cette délicatesse, mais Robert n'avait d'amour-propre que devant les étrangers.

La visite qu'il voulait rendre à Bondy, comme on

le pense bien, était arrêtée dans son esprit depuis la veille, elle faisait partie de son programme qui consistait à se montrer sur son âne aux plus bavards de sa pension. Il avait échoué jusqu'ici dans ses prévisions, mais le camarade qu'il allait visiter serait infailliblement chez lui, car son père dirigeait une usine qu'il ne pouvait abandonner.

Pourtant rien ne devait réussir ce jour-là à Robert; il y a de ces jours, même dans la vie des collégiens.

Le temps, très-beau jusque-là, venait tout à coup de s'assombrir. De gros nuages noirs montaient de l'horizon, poussés par les vents d'ouest. Une chaleur lourde, étouffante, emplissait l'atmosphère. Les hirondelles rasaient le sol, et de subites rafales soulevaient des colonnes de poussière qui aveuglaient les promeneurs. Coco, habituellement très-paisible, donnait depuis quelque temps des signes évidents d'impatience; un grand nombre de mouches, excitées par l'approche de l'orage, se ruaient ailes déployées sur sa tête qui embaumait, grâce au reste de pommade à la violette dont nous avons parlé.

« Hue, Coco! criait René, hue! ou nous allons être arrosés. »

La pluie tombait à larges gouttes, et le tonnerre grondait sourdement.

« S'il y avait seulement une auberge où l'on

pût se mettre à l'abri sur cette satanée route, s'écria Robert.

— Dis donc, reprit René, il me semble que j'aperçois deux cabanes de bûcherons sur la lisière de la forêt

— C'est vrai, » répliqua Robert, qui s'était redressé pour voir par-dessus l'épaule de son ami.

Coco, devenu très-nerveux, accélérait sa marche en même temps que l'orage.

On fut en quelques minutes auprès des deux cabanes, lesquelles étaient entièrement vides.

Il était temps, car la pluie commençait à tomber avec une telle abondance qu'elle eût noyé sur place l'âne et les deux collégiens.

Coco fut installé dans la première cabane et les deux amis dans la seconde.

« Ne trouves-tu pas que nous avons de la chance dans notre malheur? dit Robert charmé de leur double installation.

— C'est qu'on est très-bien ici, avec ce lit de paille; on dirait la cabane de Robinson, répondit René.

— C'est Coco qui a l'air d'être content, regarde donc, il a mis sa tête à la porte pour voir ce qui se passe, » s'écriait Robert.

Nous avons oublié de dire que les deux cabanes de bûcheron se faisaient face.

« Comme ça tombe! reprit René.

— Pluie d'orage, ce sera bien vite fini, et nous pourrons continuer jusqu'à Bondy, répliqua Robert.

— Il y tient, » pensait René.

Tout à coup la foudre, qui s'était contenue jusqu'alors, éclata avec un tel fracas que les deux amis se rejetèrent au fond de leur refuge.

Cette panique passée, ils s'enquirent de ce qu'était devenu Coco.

Hélas! le malheureux âne, épouvanté du coup de tonnerre, avait envoyé deux ou trois ruades sur les parois de la cabane, et elle s'était immédiatement effondrée sur son dos, ne lui laissant de libre que la tête qui dominait tous ces débris.

Coco n'avait pas l'habitude d'un pareil corset, il poussait des hi-han lamentables.

Robert l'aperçut le premier et en demeura consterné.

René partit d'un éclat de rire.

« Pauvre Coco, je suis sûr qu'il a les reins brisés! » s'écria tristement Robert.

René cessa de rire.

« Il faut le débarrasser au plus vite, » dit-il.

La pluie avait en quelque sorte cessé avec le dernier coup de tonnerre. Les deux collégiens se mirent immédiatement à la besogne.

La cabane de bûcheron démolie par Coco avait été construite en bois grossier et revêtue de terres gazonnées.

Un petit quart d'heure suffit à nos deux cavaliers pour délivrer leur monture.

L'âne n'avait rien de cassé, rien de luxé, mais il était abominablement sale : sa belle robe noire si bien lustrée, si bien pommadée il y avait encore quelques instants, était couleur d'eau saumâtre, ce à quoi le pauvre baudet ne paraissait attacher aucune importance.

Quant à Robert, sa désolation était grande ; cet incident le forçait de renoncer à la visite qu'il devait rendre à Bondy, au fils de l'usinier, le seul camarade qu'il était assuré de rencontrer chez lui.

On ne songea plus qu'à se diriger sur Vincennes, et comme le temps menaçait toujours, on pressa le plus possible la marche de Coco, qui commençait à protester sourdement contre l'abus qu'on faisait de ses jambes ; mais son maître n'y prêtait nulle attention.

L'heure du second déjeuner était passée depuis longtemps. René s'écria tout à coup :

« Dis donc, Robert, je commence à avoir terriblement faim.

— Pas moi, répondit Robert, uniquement préoccupé de ses petites déceptions. Mais sois tranquille, ajouta-t-il, je vais presser Coco et nous serons bientôt chez ma sœur.

— Non, non, je t'en prie, laisse-le aller son petit

train; j'aime mieux attendre mon déjeuner deux heures de plus que de voir Coco tomber malade.

— Tu m'impatientes! puisque je te dis qu'il ferait plus de vingt lieues sans se fatiguer.

— Mais écoute donc comme il souffle, dit René subitement inquiet.

— Tout le monde souffle en courant.

— Mais pas de cette manière, » reprit René.

Et de fait Coco soufflait étrangement.

Mais Robert, convaincu que son âne était de force à lutter avec le meilleur cheval, ne cessa de le pousser qu'au milieu du bois de Vincennes, où le baudet s'arrêta obstinément devant les obusiers rangés en ligne pour le tir, et que la pluie avait à moitié remplis d'eau.

Coco fourra sa tête dans le premier de ces engins et se mit à boire démesurément.

Un obusier tari il passait à un autre.

« Comme il est intelligent! » disait Robert.

René, remarquant certains mouvements fébriles chez le pauvre animal, reprenait en secouant la tête :

« Tu verras qu'il ne pourra pas nous ramener ce soir chez ton père. »

Robert se prit à rire comme un fou.

« Tu peux rire; mais moi je vois bien qu'il est malade. »

Et ce disant René mit pied à terre.

Robert railla beaucoup son ami qui ne voulut pas remonter sur Coco, et il se rendit enfin chez sa sœur, escorté pédestrement par son compagnon. Mais au moment de faire la belle entrée qu'il méditait depuis quelques minutes, ne voilà-t-il pas que Coco refuse d'avancer, roidissant ses jambes écartées et tremblant de tout son corps.

« Hue, Coco! » criait inutilement Robert.

— Quand je te dis qu'il est malade, » répétait René avec impatience.

Robert mit pied à terre à son tour et considéra son âne d'un air étonné.

« C'est vrai qu'il a l'air tout singulier, » dit-il enfin.

L'ordonnance du beau-frère de Robert guettait depuis longtemps l'arrivée des deux collégiens; il s'avança précipitamment vers eux.

« Mais il est malade, votre âne, monsieur Robert! » s'écria-t-il à son tour après avoir examiné Coco qui refusait de faire un pas.

« En es-tu certain, maintenant? » reprit René.

Robert consterné garda le silence.

« Il faut le faire entrer tout de suite à l'écurie, » dit l'ordonnance.

Le pauvre Coco, tiré, poussé et caressé, se décida à franchir les quelques mètres qui le séparaient encore de l'abri qu'on voulait lui donner.

La sœur de Robert descendit rapidement en voyant le cortége formé par l'âne, l'ordonnance et les deux collégiens.

« Bonjour, Robert; bonjour René! Ah! mon Dieu? qu'est-il donc arrivé à ce pauvre Coco?

— Je ne sais pas, » répondit Robert qui se sentait coupable de présomption.

On mit aussitôt Coco à part dans une petite écurie, afin qu'il ne fût pas gêné par le voisinage des chevaux.

L'ordonnance dit alors que M. Bouguié, l'habile vétérinaire homéopathe qui, d'ordinaire, soignait les chevaux de la maison, était depuis le matin dans une écurie voisine où il restait auprès d'un cheval gravement malade, et il offrit de l'aller chercher immédiatement. Le praticien ne fut pas longtemps à arriver. Il commença par examiner Coco qui portait très-bas la tête, avait le regard triste et restait inattentif à la voix de son maître. Il palpa ensuite les oreilles de l'animal alternativement chaudes et froides, constata des frissons aux régions des coudes, ainsi que la fluxion des membres postérieurs. Il remarqua encore que ses naseaux étaient extrêmement dilatés, sa langue blanchâtre, sèche et chaude ; il termina par ausculter l'animal, dont la toux était sèche, pénible, et finit par s'assurer de différents autres symptômes.

« C'est une fluxion de poitrine bien caractérisée, dit-il enfin. Le sujet est très-fort, mais il a été évidemment surmené, très-surmené. »

Robert était anéanti.

Le vétérinaire reprit :

« Voyons, quel chemin lui avez-vous fait parcourir à ce pauvre animal ? »

Robert raconta franchement la promenade qu'ils avaient faite.

« Et vous l'avez sans doute obligé de courir une partie du chemin ?

— Oui, monsieur.

— C'est là surtout qu'était l'imprudence, car il eût pu faire la route au pas ; mais un âne n'est pas construit pour galoper longtemps. Enfin, nous allons tâcher de le sauver.

— Oh! monsieur, je vous en prie, dit Robert.

— Seulement, je vous préviens que vous ne pourrez guère vous en servir avant six semaines au moins, car la durée de la maladie est de vingt et un jours, et il faut le reste pour la convalescence.

— Six semaines! les vacances seront terminées, dit Robert avec un soupir.

— C'est fâcheux, mon enfant, mais il n'y a pas à revenir là-dessus. »

Le vétérinaire ordonna ensuite de tenir le malade très-chaudement, très-couvert, de le bouchonner souvent, de lui faire respirer un air pur et de lui donner à boire trois fois par jour de l'eau à peine tiède, et blanchie par une petite quantité de farine d'orge.

La diète devait être absolue pendant les premiers jours.

Le père de Robert vint le soir même savoir des nouvelles des deux collégiens qu'il ne voyait pas revenir.

Il les trouva installés, non pas au chevet, mais dans l'écurie de Coco; ils étaient fort tristes d'un incident qui renversait tous leurs projets de plaisir.

« *Qui veut voyager loin ménage sa monture.* Je vous avais bien recommandé de méditer ce proverbe, » leur dit-il.

Il les trouva installés dans l'écurie de Coco. (Page 168.)

Les enfants gardèrent le silence.

« Je vous avais dit encore de faire en sorte que Coco pût vous servir jusqu'à la fin des vacances.

— Oh! papa! ne me fais pas de reproches, je suis bien assez malheureux de ce qui est arrivé.

— Je le crois, mon enfant; il faut cependant que cet exemple vous serve de leçon à tous deux, non-seulement pour gouverner les chevaux et les ânes que vous pourriez avoir un jour, mais encore pour vous gouverner vous-même; pour vous démontrer qu'il ne faut abuser d'aucune chose sous peine de n'en pouvoir plus user. »

Coco, très-bien soigné, se rétablit enfin; mais, comme l'avait annoncé le vétérinaire, ce ne fut que quelques jours après la rentrée en classe de nos deux pensionnaires.

PLUS DE BONHEUR

QUE DE SCIENCE.

PLUS DE BONHEUR QUE DE SCIENCE

Minon n'était pas de ces chats distingués qui ont une fourrure aussi longue que touffue, et que les dames et les petites filles prennent volontiers sur leurs genoux, tant ils sont beaux à voir et doux à caresser.

Minon était tout bonnement un chat de gouttière, à la robe jaune et rase, à la queue médiocre, aux oreilles plutôt grandes que petites.

Il avait par exemple de jolis yeux couleur d'or, et puis.... et puis.... une belle santé ! Et surtout un bel appétit. On disait même que son appétit prenait souvent des airs de gourmandise, mais nous voulons croire que c'étaient là de faux airs.

Quoi qu'il en soit, Minon était tendrement aimé de mademoiselle Sabine, une grande personne âgée de huit ans pour le moins. Il va sans dire qu'il n'était pas uniquement aimé, chéri, choyé et dorloté par elle, et que les parents de sa maîtresse avaient aussi une notable affection pour lui.

Bref, on n'aurait pu découvrir un chat, un chat de gouttière surtout, installé dans une meilleure condition.

On ne trouvait rien d'assez bon, ni de trop beau pour son altesse Minon.

Le matin on lui servait un grand bol de crème épaisse ; à midi, un excellent morceau de mou, et, le soir, une fine pâtée faite avec du blanc de poulet.

Quant à son coucher, Sabine lui avait arrangé de ses propres mains une adorable corbeille bien ronde, bien entourée de duvet, et tapissée d'une belle étoffe à fleurs.

C'était là que Minon passait une partie de ses matinées à faire ronron, à rêver, non pas à ses affaires, il n'avait garde d'en avoir, mais simplement à ses plaisirs. Tantôt il y prenait l'attitude traditionnelle d'un serpent qui se mord la queue, tantôt il s'y couchait comme un sphinx de granit, les pattes de devant coquettement allongées, les pattes de derrière et la queue repliées sous le ventre. On le voyait parfois aussi se mettre sur le dos et jouer avec de petits chiffons que Sabine s'amusait à faire danser au-dessus de sa tête; mais cela n'avait lieu que lorsque son altesse était de bonne humeur.

Le plus souvent il ne paraissait dans la maison de sa maîtresse que pour boire, manger et dormir, arrivant toujours si juste à l'heure des repas, qu'on aurait pu croire qu'il avait une horloge dans l'estomac.

Cependant Minon n'était pas un être ingrat, nous ne voudrions pas lui faire cette odieuse réputation; seulement il croyait faire assez pour ses maîtres en se laissant adorer. Il faut encore lui rendre cette justice qu'il ne les avait jamais griffés. Au reste cette bonne opinion que notre héros avait de lui-même était plutôt due à la faiblesse de ses maîtres qu'à son mauvais naturel. Il avait fini par se dire qu'on ne lui témoignerait ni tant d'affection, ni tant d'égards, s'il n'était pas très-joli, très-intelligent et tout à fait aimable. En un mot il se trouvait un prodige de chat, capable de faire le plus grand honneur à ceux qui avaient la bonne fortune de le posséder, et il ne lui était jamais entré dans la cervelle qu'il pût être leur obligé en quelque chose.

12

Mais hélas ! le pauvre animal devait bientôt recevoir une terrible leçon.

Les parents de Sabine se trouvèrent tout à coup dans l'obligation de déménager.

Or, un déménagement, qui est un grand ennui pour tout le monde, est le renversement de la vie d'un chat; cela interrompt brusquement ses habitudes, et le prive d'un seul coup, et à jamais, de toutes ses amitiés du dehors.

Soit que Minon pressentît ce qui allait lui arriver, soit que les déménageurs, gens naturellement désagréables, lui donnassent sur les nerfs, il dressa ses moustaches, gronda et jura dès qu'ils pénétrèrent dans l'appartement. Bientôt même il fit de tels bonds, et eut des écarts de conduite si extraordinaires, qu'on fut contraint de s'assurer de lui en le mettant dans un panier dont on assujettit le couvercle avec de bonnes cordes. Sabine s'était interposée pour l'arracher à cette triste réclusion, mais elle en avait vite compris la nécessité. En effet, Minon resté libre au milieu du remue-ménage qui se préparait, n'eût pas tardé à s'enfuir dans les profondeurs ignorées de quelque cave où il aurait été impossible de le ressaisir au moment du départ.

Il était à peine dans sa prison d'osier qu'il poussa d'affreux miaulements.

Sabine prit alors sa petite chaise et s'assit devant le panier.

« Mon pauvre Minon, lui disait-elle pour le consoler, prends patience, c'est pour ton bien qu'on t'a enfermé. Cela ne durera pas longtemps, sois tranquille, je veille sur toi.... » et la petite fille donnait une douceur infinie à sa voix.

Sans avoir égard à ces recommandations affectueuses, Minon continuait sa musique où les dièses et les bémols dominaient tour à tour.

« Voyons, sois gentil, mon beau joli petit Minon, » reprenait Sabine.

Puis comme Minon ne voulait pas être gentil du tout, Sabine l'appela vilain ! et s'éloigna de lui.

Elle avait d'ailleurs à surveiller l'emballage des meubles de sa poupée, et principalement d'une armoire à glace très-précieuse, et qui, disait-elle aux emballeurs, avait bien, à elle seule coûté plus de trois francs.

Enfin, il ne resta plus dans l'appartement, que les parents de Sabine, Sabine et Minon dont les miaulements n'avaient pas discontinué.

La bonne alla chercher deux voitures de place qui devaient les emmener à leur nouveau domicile avec un reste de menus paquets qu'il n'eût pas été prudent de confier au chariot des déménageurs.

Sabine voulut emporter son chat elle-même, bien qu'il fût un peu lourd pour elle.

La première voiture emmena les parents de Sabine, la petite fille et son chat.

La seconde, la bonne et ses paquets.

Minon qui ne comprenait rien encore à son emprisonnement, ne sut vraiment plus que penser des secousses qu'il éprouvait en roulant sur le pavé.

Elles lui donnaient mal au cœur, et de plus, il se serait volontiers fourré les pattes dans les oreilles pour étouffer le bruit des roues.

On voyait tout de suite que le pauvre animal n'avait pas l'habitude de voyager en voiture.

Pendant le trajet, Sabine, touchée des souffrances de son chat, obtint de ses parents la permission de lui donner un peu d'air.

Ce fut une grave imprudence, car le pauvre Minon revit à peine le jour qu'il s'élança hors du panier, les yeux égarés, flamboyants, et il aurait sauté du même élan par la vitre de la portière, si elle n'eût été rigoureusement fermée. Il était effrayant à voir bondir, le poil roide et les griffes allongées, dans ce petit espace où ses maîtres, qu'il ne connaissait plus, étaient pour ainsi dire entassés.

La douce voix de Sabine parvint seule à le calmer.

Toutefois, le lieu où il se trouvait et le bruit incessant de la voiture, étaient un tel étonnement pour lui, qu'il ne put se rassurer complétement, et qu'on fut obligé de le saisir à l'improviste pour

le remettre dans son panier en attendant qu'il arrivât à destination.

Mais cela ne put s'accomplir sans qu'il protestât
par quelques égratignures contre cette seconde
incarcération.

Enfin Sabine eut la joie de l'emménager dans
son nouveau domicile. Là, on décida qu'il garde-
rait les arrêts jusqu'à ce que les meubles fussent
mis en place et les portes refermées.

Le moment de la délivrance sonna pour le pauvre
animal; et comme cette fois il avait de l'espace devant lui, il s'enfuit au fond de l'appartement, aussi
effaré qu'un cheval qui a flairé l'incendie de trop
près.

Enfin Minon rentra en possession de lui-même
dès qu'il fut bien certain que personne n'en voulait à ses jours.

Dès lors il commença à flairer tous les coins de
l'appartement; c'est la manière dont les chats font
connaissance avec ce qui les entoure.

L'appartement était si gentiment décoré, le parquet si propre, si luisant, que Minon n'y trouva
rien à redire; cela se lisait sur son visage qui avait
repris toute sa sérénité.

Cependant notre chat fut gardé à vue pendant
plusieurs jours; on craignait avec raison qu'il ne
s'aventurât trop tôt dehors et ne se trouvât par suite
dans l'impossibilité de revenir à son logis. On vou-

lait lui laisser le temps de se familiariser avec sa nouvelle maison et avec les alentours qu'on lui laissait étudier par les fenêtres.

Mais il arriva bientôt que la bonne (les bonnes sont si négligentes), laissa la porte de l'appartement entr'ouverte, et que Minon, toujours à l'affût, joua des pattes dans l'escalier, puis dans la cour et finalement disparut.

On l'attendit tout le jour, on l'attendit encore le lendemain et les jours suivants; on le demanda à tous les voisins. Ce fut en vain.

Sabine versa ses plus grosses larmes.

Qu'était-il devenu? Où donc maintenant trouverait-il sa nourriture?

Et puis elle avait entendu parler de vilains chiffonniers qui tuaient les chats errants pour en manger la chair et en vendre la peau.

Cette horrible pensée la poursuivait jusque dans son sommeil.

Mais nous devons laisser Sabine à son chagrin pour suivre l'avantageux Minon dans ses galopades aventureuses.

Il n'avait pas fui la maison de ses maîtres par un coup de tête, il était sorti tout simplement pour respirer le grand air ainsi qu'il en avait l'habitude depuis sa plus tendre enfance.

Chemin faisant il rencontra un domestique nègre qu'il prit pour le diable, et dans sa frayeur il fran-

chit le mur qui séparait sa maison de la maison
voisine. Du mur il avait sauté sur le toit d'une écurie, et de là dans un petit jardin.

Il reprenait haleine quand de méchants enfants

l'aperçurent et lui donnèrent la chasse à coups de
pierres en criant :

« Oh! le vilain chat jaune! »

Minon, sans réfléchir, gagna la porte qui faisait
face au jardin et se sauva dans la rue où un gros
vilain chien se mit immédiatement à le poursuivre
en aboyant.

Minon se réfugia sous une porte cochère, à cinquante pas plus loin.

Malheureusement une vieille portière le vit à son tour et courut sur lui un balai à la main.

Notre pauvre Minon, de plus en plus effarouché,

retourna malgré lui dans la rue pour y chercher un asile.

Un régiment, musique en tête, arrivait en ce moment.... Le bruit des instruments de cuivre mit le comble à son épouvante, et il se sauva pour le coup tant que ses pattes et sa respiration le lui permirent, et toujours en s'éloignant de sa demeure.

On eût dit qu'on lui avait attaché quelque ferraille à la queue.

Trop las pour continuer sa course insensée, il se

réfugia tout haletant chez un savetier qui venait de quitter son modeste établissement pour faire un petit tour au cabaret voisin, et alla vivement se blottir sous un amas de vieilles chaussures.

Un peu rassuré, il se mit à réfléchir pour la première fois de sa vie.

Comment avait-il pu mériter tous les tourments qu'on venait de lui faire subir?

Pourquoi donc était-il devenu tout à coup un objet de mépris et de haine? Lui! qu'on adorait d'ordinaire. N'était-il plus le beau, l'intelligent Minon, le phénix des chats? Et pourtant ces douces qualifications qui lui étaient données journellement par la petite Sabine, résonnaient encore à son oreille. Au lieu de ces paroles flatteuses, des injures, des pierres et des menaces de coups de balai. Jusqu'à ces militaires qui avaient fait un bruit infernal en l'apercevant; c'était à n'y plus rien comprendre.

« Oh! le vilain chat jaune! » s'était-on écrié partout sur son passage. Bien certainement on l'avait pris pour un autre.

Maître Robillard, chez qui Minon s'était réfugié, rentra en ce moment.

C'était un homme ni jeune ni vieux, de taille et de grosseur moyennes, au visage bourgeonné, aux mains sales, et de plus boiteux comme Vulcain.

Minon, qui avait l'habitude de la bonne compagnie, le trouva affreux, et s'enfonça plus avant

dans le trou qu'il s'était fait. Mais son mouvement
trop rapide déplaça un certain nombre de vieilles
chaussures.

« Oh! oh! qu'est-ce que cela veut dire? s'écria
maître Robillard, voilà mes savates qui se mettent
à marcher toutes seules ! »

Et il s'avança pour connaître la cause de cette
singularité.

« Oh! le vilain chat jaune ! s'écria-t-il aussitôt.

— Lui aussi, » pensa Minon de plus en plus
blessé dans son amour-propre.

Robillard reprit, sans doute pour répondre à l'air
effrayé de Minon :

« C'est égal, n'aie pas peur, mon vieux matou,
tu n'es pas beau, c'est vrai, mais raison de plus
pour que nous vivions ensemble sans jalousie. Tu
as eu une fameuse idée d'entrer chez moi, mon
gaillard, car j'ai justement besoin d'un chat pour
croquer ces canailles de souris qui viendraient dé-
poser leurs petits jusque dans mes oreilles, les jours
où je dors trop fort après avoir trop bu. Tu mettras
ordre à cela, toi, mon gros matou jaune, car tu dois
raffoler des souris, bien que tu les manges toujours
à la même sauce. Mais d'abord il faut que tu
prennes connaissance de notre appartement. »

Robillard ouvrit alors la porte d'une pièce noire,
humide autant que délabrée et y poussa Minon avec
le bout de son pied.

Cette pièce représentait la cuisine, le réfectoire, le salon et la chambre à coucher du nouveau maître de Minon.

Robillard avisa une assiettée de panade au beurre fort, restée à la poussière depuis plusieurs jours, y joignit un reste de fromage d'Italie qui avait de la barbe, pétrit le tout avec ses mains, et le présenta à Minon en disant :

« Tiens, mon jaunet, mets-toi *ce velours* sur l'estomac. »

Minon eut un mouvement de dégoût. Le savetier n'y prit pas garde et ajouta :

« Les souris seront pour ton dessert, ne t'en fais pas faute ; ça nettoiera le *bazar*. »

Cela dit, Robillard alla se remettre à l'ouvrage sans plus s'occuper de son pensionnaire.

Minon était resté les yeux fixes et sa petite gueule béante devant le spectacle qu'il apercevait pour la première fois. Jamais le délicat animal n'avait risqué le bout de son nez dans un pareil taudis. Il essaya d'avancer au milieu de ce sale chaos, mais le flot de poussière qu'il soulevait autour de lui le faisait éternuer à chaque pas.

Minon se mit alors à miauler lamentablement.

Robillard qui avait l'originalité de vouloir que tout le monde fût content autour de lui, revint en criant :

« Mange et tais-toi ! ou sinon... » et il le me-
naça de son terrible tire-pied.

« Quel vilain brutal ! » pensa Minon, tout en se
hâtant de garder le silence.

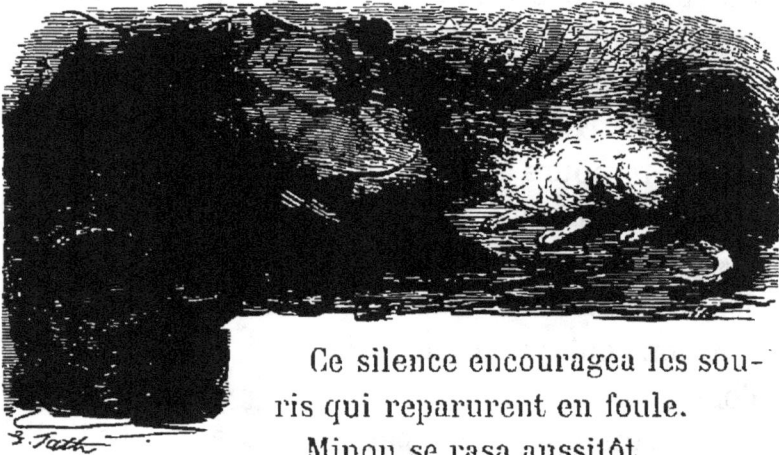

Ce silence encouragea les souris qui reparurent en foule.

Minon se rasa aussitôt.

Il voulait se mettre en mesure d'en croquer au
moins une, faute de mieux, mais les petites trot-
teuses étaient malignes, et elles n'eurent pas plutôt éventé sa présence, qu'elles rentrèrent dans
leur trou, et si prestement, que Minon qui s'était
élancé sur elles, ne trouva que le carreau de la
chambre en retombant sur ses pattes.

Il était doublement humilié.

Comment ! il daignait condescendre à se nourrir
de cette vermine, et voilà qu'elle se sauvait en
masse devant lui. Il résolut de se venger, mais
comme il ne connaissait pas le premier mot de
son métier de chat, toutes ces feintes n'aboutirent

à rien, et ce qui le dépita, c'est qu'il s'aperçut que les souris en faisaient des gorges-chaudes.

Cependant son estomac criait famine. Il se rapprocha donc de son assiette, bien résolu à vaincre ses répugnances.... et finit par avaler une partie de la panade qu'elle contenait.

Robillard revenait de temps en temps pour surveiller la conduite de son pensionnaire, et le voyant toujours à l'affût, il lui disait en manière d'encouragement :

« C'est bien, mon vilain jaunet, croque des souris, je te les abandonne jusqu'à la dernière. »

Minon eût voulu le griffer au sang, mais il n'osait.

« Je suis donc bien peu de chose, se disait-il, pour qu'un homme si malpropre, si mal élevé, un savetier en un mot, se croie le droit de me parler ainsi. »

Et tout naturellement il songeait à la gentille Sabine qui l'embrassait d'un si bon cœur, et lui préparait trois fois par jour, avec ses petites mains blanches, de si bons repas. Il pensait encore à la jolie corbeille où il faisait de si bons sommes.... et aussi à une belle chatte noire, autrefois sa voisine, et avec laquelle il allait miauler tous les jours, dans un grenier rempli de bottes de foin qui exhalaient une odeur délicieuse.

Il prit la résolution de retourner chez sa maî-

tresse, mais il comprit en même temps qu'il ne re-
trouverait jamais son chemin.

Il se dit alors qu'il était un animal stupide,
aussi incapable de se diriger que de pourvoir à ses
besoins.

Ces tristes réflexions le navraient. Son supplice
durait depuis plus de huit jours.

Mal nourri, et de plus rudoyé, traité de mala-
droit, car les souris continuaient leurs folles promenades au logis de Robillard, le pauvre chat
maigrissait à vue d'œil. Son poil si lisse, si doux
naguère, était rude et malpropre.... et ce qu'il y
avait de plus affreux pour lui, c'est que le savetier
parlait de le chasser, ne voulant pas, disait-il dans
son grossier langage, nourrir un propre-à-rien.

Que deviendrait-il, si on le rejetait dans la
rue?

Le désespoir allait s'emparer de lui quand il
entendit tout à coup une voix qui le fit tressaillir.
Il tourna vivement la tête et aperçut la domestique de ses anciens maîtres qui apportait des
chaussures à raccommoder.

« Minon ! » s'écria la servante avec suprise.

Minon vint se frotter le long d'elle en faisant le
plus aimable ronron.

« Comment, c'est toi, mon pauvre minet ! que
mademoiselle va être contente !... elle qui a tant
pleuré....

— Vous connaissez ce bel animal? demanda
Robillard d'un air narquois.

— Je le crois bien, c'est le chat de mes maîtres.
Puis s'adressant à Minon qu'elle avait pris dans
ses bras, et qui la regardait avec des yeux sup-

pliants: « Mon pauvre minet, tu n'as donc pas re-
trouvé ton chemin; tu es donc bête comme tout?

— Ah oui! qu'il est bête, celui-là...! s'écria
Robillard, et si bête qu'il ne sait même pas attraper une souris! allez. mademoiselle, vous pouvez
le reprendre, car j'étais décidé à le mettre à la
porte au risque de perdre l'argent qu'il m'a déjà
coûté pour sa nourriture, insinua le savetier qui
voulait exploiter la circonstance.

— Belle nourriture ! pensa Minon.

— Vous ne perdrez rien, reprit la domestique ; voilà trente sous pour ses huit jours ! est-ce assez ?

— Oui, mademoiselle.

— Alors je remporte mon chat, » dit la servante en enveloppant Minon dans son tablier.

La pauvre fille était si heureuse de pouvoir réparer sa négligence qu'elle courut jusqu'à la maison de ses maîtres sans s'arrêter.

Quant à Robillard, il alla boire immédiatement les trente sous qu'il venait de recevoir.

Nous vous laissons à penser quelle fut la joie de la petite Sabine en retrouvant son chat chéri, ce chat qu'elle n'avait cessé de pleurer.

Elle embrassait tour à tour et Minon et sa bonne. Minon, lui, ne cessait de lécher le visage et les cheveux de sa petite maîtresse.

Sabine avait fini par le poser sur un pouf pour le considérer à son aise.

« Qu'il est maigre et malpropre ! que son poil est rude ! » disait-elle.

Puis s'adressant directement à Minon :

« Le méchant ! qui quitte sa petite Sabine pour aller mourir de faim chez un vilain savetier. Quel reproche aviez-vous à me faire ? répondez ! Tout le monde vous aime ici…. on vous donne tous les jours de la crème, du mou, du poulet, des marrons que vous aimez tant, toutes sortes de friandises, et

« C'est bien, ma fille, fais-lui une bonne morale. ». (Page 195.).

l'on ne vous demande que de vous laisser embrasser.... Vous étiez couché comme un monsieur et
soigné comme un prince.... et vous vous sauvez
chez des étrangers, croyant sans doute que tout le
monde va vous traiter de même ; que cela vous est
dû. Vous avez pu voir qu'il n'en était rien.

— C'est bien, ma fille, dit la mère de Sabine en
intervenant, fais-lui une bonne morale, qu'il sache
bien qu'aujourd'hui encore il a eu *Plus de bonheur
que de science.*

« Et puis, cette leçon terminée, fais ton examen
de conscience, et tu verras que beaucoup d'enfants
sont pareils à Minon ; qu'ils attribuent trop souvent à leurs mérites les soins et les caresses qu'ils
ne doivent qu'à l'affection et à l'indulgence de
leurs parents. »

FAIS CE QUE TU DOIS

ADVIENNE QUE POURRA.

FAIS CE QUE TU DOIS
ADVIENNE QUE
POURRA

Charles et Henri s'étaient connus dans une campagne des environs de Paris où leurs parents passaient tous les étés.

Charles ne pouvait vivre sans Henri, et Henri ne pouvait vivre sans Charles.

Ils avaient un si grand bonheur à se trouver ensemble, que leurs devoirs faits, leurs leçons apprises, ils ne songeaient qu'à se réunir, et dans ce mutuel empressement se rencontraient presque toujours à moitié de la distance qui séparait leurs deux habitations.

C'était une amitié charmante qui avait fini par s'étendre à leurs familles.

Cécile, la sœur de Charles, partageait les amusements des deux amis, quand ils se livraient toutefois à des jeux permis à une petite fille.

Le plus ordinairement les deux jeunes garçons s'en allaient courir seuls dans un grand parc où ils pouvaient varier sans cesse leurs divertissements. Ils y passaient de la chasse aux papillons au tir à l'arbalète, de l'enlèvement d'un cerf-volant, qui, par malheur finissait toujours par s'accrocher aux arbres, à une partie de balle, de ballon, de cerceau ou de saute-mouton.

Il leur arrivait encore de poursuivre tout à coup un lièvre, un lapin, que Stop, un chien de chasse qui les suivait toujours, faisait sortir d'un taillis. Il va sans dire que le lièvre ou le lapin n'avait pas grand'peine à leur échapper, et que les deux petits chasseurs en étaient chaque fois pour une course inutile.

« Si nous avions eu un fusil ! » disaient-ils alors pour se consoler.

Le père de Charles était un médecin que sa nombreuse clientèle appelait tous les jours à Paris. Il quittait la campagne dès sept heures du matin, et n'y revenait guère que vers sept heures du soir; ce qui ne lui permettait que bien rarement d'accompagner les deux enfants dans leurs promenades.

Le père de Henri, qui n'avait nulle occupation forcée, les menait presque tous les jours faire une promenade en bateau sur la Seine.

Henri, élevé par son père, nageait comme un

poisson; quant à Charles, on n'avait jamais pu réussir à lui faire faire deux brassées; la peur paralysait ses mouvements dans l'eau. Mais ce qui était singulier avec une pareille disposition, c'était son goût très-vif pour les promenades sur la rivière.

L'été et une partie de l'automne s'étaient passés ainsi, et l'on arrivait à l'époque de la rentrée des classes.

Des deux amis, un seul avait été en pension,

c'était Henri ; l'autre, d'une santé un peu faible, était toujours resté sous le toit paternel. Cependant son père pensa que la vie régulière du collége ou de la pension pourrait profiter, d'abord aux études de son fils, et ensuite au développement de ses forces physiques.

Charles à qui l'on fit part de ces réflexions, demanda aussitôt à être placé dans la même pension que son ami Henri, ce qu'on lui accorda immédiatement.

La joie des deux amis fut grande à cette nouvelle, et ils ne parlèrent plus que du plaisir qu'ils auraient à ne pas se quitter.

L'établissement où Charles et Henri furent bientôt installés, n'était ni un collége ni une pension ordinaire, c'était une institution placée à quelques lieues de Paris, et où l'on recevait les enfants à un prix plus élevé qu'ailleurs. Si l'instruction n'était pas là supérieure à celle des colléges, les conditions d'hygiène, l'installation, y étaient meilleures et les soins plus attentifs, en ce sens que le nombre des élèves y était assez restreint.

En un mot un pensionnaire devait s'y trouver aussi bien que dans sa famille.

Les parents des deux amis s'étaient tour à tour décidés d'après ces considérations.

Charles et Henri travaillaient donc ensemble, jouaient ensemble, dormaient ensemble, sinon dans le même lit, au moins dans la même pièce.

Personne n'eût alors deviné que cette merveilleuse entente allait bientôt cesser.

Charles, nous l'avons dit, n'avait jamais quitté la maison paternelle où l'on était très-indulgent pour lui à cause de son état maladif. La discipline de la pension le surprit d'abord, puis elle le révolta.

Six choses lui étaient par-dessus tout insupportables :

1° La cloche qui l'obligeait à se lever dès six heures du matin.

2° Le règlement qui le contraignait de parfaire sa toilette en quelques minutes.

3° Ses devoirs dont il fallait s'occuper sous peine d'être privé de récréation.

4° Les récréations qu'il trouvait toujours trop courtes.

5° Les taquineries de ses camarades qui se moquaient de ses jérémiades.

6° La nourriture qu'il ne trouvait pas assez recherchée, et le dessert qu'il déclarait médiocre.

Charles qui n'osait plus se plaindre du régime de la pension dont tous ses camarades se contentaient, se mit à gémir sur les mauvais procédés dont il prétendait être l'objet :

Celui-ci l'avait brutalisé, celui-là l'insultait toujours, cet autre le contrefaisait dans ses moindres gestes et dans ses moindres paroles, etc., etc.

« Bah ! bah ! il n'y a pas grand mal, cela vous rabotera le caractère, » lui répondait le maître de pension.

Charles de plus en plus furieux résolut de se plaindre à sa mère. Très-intelligent, il comprit bien vite que cela n'irait pas tout seul, et surtout qu'on ne le retirerait pas de pension sans avoir interrogé son ami Henri.

Un soir donc qu'ils se déshabillaient tous deux pour se mettre au lit, Charles hasarda de dire :

« Henri, ne trouves-tu pas que c'est assommant de se lever et de se coucher toujours à la même

heure. D'être forcé de travailler, assis devant une table, quand on voudrait sauter et courir dans un jardin ? De ne pouvoir prononcer un mot pendant les heures d'étude sans attraper des cinq cents lignes à copier; de manger ce qu'on n'aime pas, et enfin de vivre avec une foule de petits imbéciles qui sont toujours à vous ennuyer.

— Que veux-tu ? c'est la vie de pension.

— Ainsi « cela ne te fait rien ?

— Non, d'ailleurs il y a plus de deux ans que j'y suis habitué.

— Tu es bien heureux, fit Charles en soupirant.

— Je t'avouerai même, reprit Henri, que je ne suis pas fâché de rentrer ici à la fin des vacances.

— Je ne croirai jamais ça.

— Tu as tort, et d'ailleurs ne faut-il pas faire ses études?

— On peut les faire d'une manière plus amusante…. et si tu le voulais…. »

Charles hésita.

« Si je voulais?

— Eh bien, nous trouverions facilement à nous deux le moyen de sortir d'ici.

— Pour entrer dans une autre pension où nous serions plus mal, répondit Henri.

— Non, mais pour étudier chez nos parents.

— Les belles études que nous ferions là, reprit Henri en riant. Moi surtout qui veux entrer à l'École polytechnique.

— Moi, je veux sortir d'ici, fit Charles.

— Tu dis des bêtises.... dormons! ça vaudra
mieux, » répliqua Henri, qui, cinq minutes après,
dormait effectivement.

Le lendemain matin, la terrible cloche les ré-
veilla tous deux, comme à l'ordinaire.

« Bonjour, Charles!... dit gaiement Henri.

— Bonjour, Henri, répondit froidement Charles.

— Tiens, mon vieux Charlot, on dirait que tu
me boudes?

— Oui! et cela parce que tu es un égoïste.

— Moi! fit Henri surpris.

— Sans doute, tu te plais ici, et pour cette seule
raison tu veux que j'y reste.

— C'est afin que nous soyons toujours ensemble.

— N'étions-nous pas ensemble auparavant?

— A la campagne; mais à Paris.

— Eh bien, nous pourrions avoir un répétiteur
pour nous deux. Nous nous réunirions une semaine chez ton père et une semaine chez le mien,
et nous jouerions ensemble nos devoirs terminés,
sans avoir toujours un sous-maître sur les épaules
pour nous mettre en retenue. Et enfin nous serions
mieux nourris et nous aurions un meilleur dessert...

— Du moment que tu parles par gourmandise,
répliqua Henri en éclatant de rire.

— Avec ça que tu n'aimes pas le dessert autant
que moi !

— C'est possible.

— Eh bien alors, pourquoi ne pas faire ce que je te demande.

— Au fait, qu'est-ce que tu me demandes ?

— De dire à nos parents que nous sommes très-mal ici, et au besoin de faire le malade, ainsi que moi, pour qu'on nous en retire.

— Tu sais bien, Charles, que je ne peux pas mentir.

— C'est bien difficile.

— Dame, ça dépend des dispositions, fit Henri.

— Écoute, je te soufflerai ce qu'il faudra dire, répliqua naïvement Charles.

— Si ce n'était que cela, je le trouverais bien tout seul, seulement je rougirais dix fois par chaque mensonge.... et tu comprends que papa m'aurait vite deviné.

— Eh bien, c'est moi qui parlerai ; tu n'auras qu'à m'approuver par des signes de tête.

— Comme un pantin de bois, fit Henri en se moquant. Non, mon cher Charles. D'abord papa m'a toujours dit que c'était bête, vil et plat de mentir ; que c'était se renier soi-même, et je sens qu'il a raison. Le plus court, vois-tu, est de prendre patience, et de t'habituer tout doucement à la vie de la pension, tu verras que ça vient tout seul. »

La cloche qui sonnait la rentrée des classes interrompit la conversation des deux camarades.

Charles, voyant que son ami refusait d'être son complice, changea ses batteries, et le jour même, en cachette, il écrivait à sa mère la lettre suivante :

« Ma chère mère,

« Je ne voulais pas d'abord te causer de chagrin, mais je suis si malheureux, je souffre tant, que je ne puis plus garder le silence, surtout avec toi qui es si bonne.

« Tout a très-bien été pendant les premiers jours que j'ai passés à la pension, et je ne regrettais rien, si ce n'était d'être séparé de toi, de papa, et de ma sœur. Enfin nous causions de vous avec Henri et cela me consolait un peu. Mais voilà qu'il s'est fait tout à coup un grand changement parmi mes camarades, et que tous se sont réunis contre moi, qui pourtant, ne leur ai jamais rien fait.

« Ils se sont mis à m'appeler monsieur la pilule ! monsieur le malade ! monsieur l'infirme ! et aussi, Sa Majesté Nabot Ier, etc., etc.. Henri lui-même, qui m'avait d'abord défendu contre eux, est passé tout à coup de leur côté, et je dois ajouter qu'il est devenu le plus acharné de tous ; car non content de me tourmenter le jour, il pousse la méchanceté jusqu'à me réveiller dans la nuit pour me taquiner, et il sait pourtant bien que ça me rend malade de ne pas dormir. Et puis la nourriture de la pension

est si mauvaise ! toujours de la panade et des haricots mal cuits, et où l'on met du sel en place de
beurre, ce qui fait que j'ai maintenant des coliques
en plus de mes maux d'estomac.

« A ce propos, tu sais que papa m'avait recommandé de prendre bien exactement mes pilules ;
eh bien, on oublie presque toujours de me les donner, et quand je les demande à l'infirmière, elle
répond chaque fois : « Ah ! que cet enfant-là m'en-
« nuie avec ses pilules ! » C'est elle qui la première m'a donné le sobriquet de monsieur la pilule — si cela dure, je sens que je deviendrai plus
malade que jamais.

« Je te prie donc, ma chère maman, de venir
pour faire cesser tout cela.... Seulement je te supplie en grâce de ne pas dire que je t'ai écrit, ni à
Henri ni à personne ; car pour le coup on me ferait
toutes les méchancetés possibles.

« Tu diras, chère et bonne maman, tout ce que
tu croiras devoir dire, mais surtout ne parle pas
de ma lettre.

« Ton fils respectueux et dévoué.

« CHARLES. »

On voit que Charles avait fabriqué là un assez
beau petit chef-d'œuvre de mensonge et de sour-
noiserie.

14

Sa lettre fit tout l'effet qu'il en attendait et sa mère arriva dès le lendemain.

Elle alla d'abord trouver le maître de la pension à qui elle demanda s'il était content de son fils, si sa santé était bonne, s'offrant, comme elle le savait très-délicat, d'un appétit capricieux, de payer un supplément de nourriture pour qu'on ne lui fît rien manger de lourd.... Puis elle s'enquit si ses petits camarades ne le tourmentaient pas, et enfin, pria qu'on ne le fît pas trop travailler, toujours à cause de son peu de santé.

Le maître de pension répondit comme il convenait à toutes ces demandes et elle le quitta très-satisfaite.

Charles et Henri lui furent envoyés sur sa demande. Elle les embrassa tous deux, leur recommanda de bien s'aimer, de ne pas se taquiner, en un mot, de vivre toujours comme de bons camarades.

Elle s'était fait accompagner par un domestique qui portait une petite caisse remplie de macarons, de bâtons de sucre d'orge, de pâtes sèches et de pastilles de chocolat. Elle voulut que Charles les distribuât devant elle à tous ses camarades qui entraient en récréation.

Nous croyons superflu de dire que ces petites friandises furent accueillies avec enthousiasme par les bambins de tous les âges qui représentaient les élèves de la pension.

On alla jusqu'à crier ! « Vive Charles ! »

L'excellente mère avait voulu réduire ainsi les prétendus ennemis de son fils.

Elle alla ensuite trouver l'infirmière à qui elle remit une pièce de *vingt francs* en la priant de bien soigner son petit malade et de *continuer* à lui faire prendre régulièrement ses pilules.

Elle prit ensuite congé de Charles et de Henri après les avoir embrassés très-affectueusement.

Charles ne manqua pas d'être fort désappointé de la sage conduite de sa mère.

Cependant, comme il avait résolu de rentrer bon gré mal gré au logis paternel, il combina un nouveau plan de conduite pour en arriver à ses fins.

Deux semaines s'écoulèrent pendant lesquelles Charles ne fit que gémir et pleurer. Il mangeait à peine sous prétexte qu'il digérait mal, et faisait des devoirs affreux sous cet autre prétexte que ses grands maux de tête ne lui permettaient pas d'en faire de meilleurs.

On ne pouvait lui adresser une parole affectueuse ou indifférente sans qu'il y répondît aussitôt par un torrent de larmes ; c'était à croire qu'il avait une petite source d'eau vive au-dessus des yeux, et qu'il suffisait d'un mot pour la faire jaillir.

Cette fois il s'était rendu si ridicule, si impatientant, pour ses professeurs et ses petits compagnons, qu'on lui donna, à l'unanimité, le surnom de la *Vallée des larmes*, et que pendant la récréation on finit par l'envelopper dans des rondes interminables qu'on improvisait autour de lui pour le taquiner.

Henri avait beau prier, supplier qu'on laissât son ami tranquille, on bousculait Henri en même temps que Charles, et la ronde continuait de plus belle.

Charles, qui n'attendait que ce moment, se mit à pousser des cris si affreux que le maître de la pension accourut épouvanté pour en connaître la cause.

Le petit garçon lui raconta alors avec une feinte suffocation et d'une voix pleine de larmes, que ses camarades lui en voulaient sans raison et qu'ils avaient décidé de le faire mourir.

Le maître, sans prendre les paroles de Charles tout à fait au sérieux, donna cependant un jour

de consigne à ceux qui l'avaient mis dans un si
piteux état.

Il n'en fallait pas moins pour que Charles devînt
la bête noire de toute sa classe, à l'exception de
Henri qui, ne soupçonnant pas son hypocrisie, le
plaignait sincèrement d'être en butte aux plaisanteries de ses camarades qu'il avait lui-même traités
de lâches.

Charles, fidèle à son nouveau système, ne répondait à son ami que par des gémissements.

Deux jours après la mère de Charles arrivait à
la pension, et sans vouloir entendre un seul mot
de personne, enlevait son fils et tous les effets à
son usage.

Henri n'apprit l'événement qu'après leur départ.

Le pauvre enfant en était aussi surpris qu'in-
consolable.

Voici la lettre qui avait motivé la singulière
conduite de la mère de Charles :

« Ma chère mère,

« Tu avais été si bonne pour tout le monde à la
pension que je devais croire qu'on m'y laisserait
tranquille. Il n'en a rien été ; bien loin de là, ils
ont recommencé à se moquer de moi dès le soir
même, disant que j'étais un vilain cafard qui allait
tout de suite se plaindre à sa petite maman, et

qui était assez *serin* pour vouloir acheter l'amitié
de ses camarades avec des bâtons de sucre d'orge
et des macarons ; mais qu'ils ne me détesteraient
pas moins, parce que je leur déplaisais. Comme
j'avais fini par pleurer, ils m'ont appelé la vallée
des larmes, le prince hi ! hi ! le seigneur Gnan-
gnan, et ils m'ont fait tellement tourner pendant
la récréation que j'ai été sur le point de suffoquer.

Le maître de pension est heureusement accouru à mes cris et m'a
délivré, leur infligeant à tous vingt-
quatre heures de consigne ; ce qui a achevé de les
mettre en fureur contre moi.

« Henri a été consigné comme les autres. C'est
lui qui a un vilain caractère ! je ne l'aurais jamais
cru. Il a dit qu'il me ferait chasser de la pension,
parce que je finissais par l'*embêter*. Il a dit que ma
sœur était une petite dinde, et papa un médecin
de deux liards, et il me dit tout ça parce qu'il est
plus fort que moi et que je ne peux pas me venger.

Tous ces ennuis me donnent mal à la tête, et je ne peux pas faire mes devoirs. Par exemple on me fait prendre mes pilules, mais ça n'empêche pas mes maux d'estomac, à cause de la panade et des haricots.

« Tu vois, chère mère, que je ne suis pas heureux dans ma pension. N'importe, je tâcherai de m'y habituer puisque papa désire que j'y reste.

« Je t'embrasse, ma chère bonne mère,

« Ton fils dévoué,

« CHARLES. »

Le lendemain, le père de Henri arrivait à la pension.

Il aborda son fils en tenant à la main les deux lettres de Charles.

« Peux-tu m'expliquer ce que signifient ces deux lettres ? » lui dit-il avec sévérité.

Henri les lut attentivement. Elles lui causèrent une surprise et un chagrin tels qu'il se mit à pleurer.

« Écrire de pareilles choses ! et sur du papier à lettres que je lui avais donné.... dit-il.

— Ainsi, rien de tout ça n'est vrai ? demanda le père en se radoucissant.

— Mais non, papa.

— Je disais bien que c'était impossible. »

Henri raconta alors à son père tout ce qui s'était

passé entre Charles et lui, puis entre Charles et
ses camarades. Il y avait un si grand accent de
vérité dans ses paroles que le moindre doute n'é-
tait pas possible sur la comédie jouée par Charles.

Henri d'ailleurs n'avait jamais menti.

« C'est bien, mon enfant, lui dit son père en
l'embrassant, ton affirmation me suffit.

— Mais me voilà brouillé avec Charles.

— Il ne faut jamais regretter un mauvais camarade, dit le père.

— Mais son père et sa mère, mais la petite Cécile, ne voudront plus me parler.

— Nous verrons. Dans tous les cas, il faut te
rappeler ce que je t'ai dit souvent : *Fais ce que tu
dois, advienne que pourra.* C'est la meilleure règle
de conduite aussi bien pour un homme que pour
un enfant; la seule qui puisse nous mettre la
conscience en repos. »

Quand le père et le fils voulurent rendre visite
à la mère de Charles pour lui témoigner leurs regrets et l'éclairer sur l'algarade de son fils, elle fit
simplement répondre qu'elle n'y était pour personne.

« Allons, nous voilà décidément brouillés ! dit
le père. Qu'importe ! nous lui devions cette visite.
Il en sera pour le reste comme il lui plaira. »

Les deux familles cessèrent de se voir sans plus
d'explications.

L'été ramena tout le monde à la campagne.

Charles y revint avec ses parents qui commençaient à s'apercevoir des imperfections du petit bonhomme, renvoyé successivement de deux collèges.

Henri n'y passait, en attendant les vacances, que ses jours de congé, c'est-à-dire les dimanches.

Quand il arrivait aux deux ex-amis de s'apercevoir de loin, Charles, dont la conscience n'était pas en règle, détalait bien vite pour éviter une rencontre embarrassante.

Ce fut sa première punition.

Henri, à qui la campagne avait rappelé plus vivement ses divertissements de l'été dernier, regrettait la conduite déloyale de Charles.

« Enfin ! se disait-il, je n'ai rien à me reprocher. »

Un jour qu'il rêvait à tout cela, assis dans un saule, au bord d'un petit bras de la Seine, il aperçut Charles et la petite Cécile montés dans un bateau. Le frère et la sœur se laissaient aller au fil de l'eau, en suivant les bords escarpés de la berge, se tenant le plus près possible des arbres, qui, de la prairie, s'inclinaient sur la rivière.

Il était aisé de voir qu'ils redoutaient d'être surpris en faute.

Henri, parfaitement caché, les suivait de l'œil, très-intrigué de leurs intentions.

Il entendit bientôt Charles qui disait à sa sœur :

« Tiens, c'est au pied du vieux saule que tu vois là-bas, qu'il y a beaucoup de poissons. »

Juste le saule où se trouvait Henri.

« Que vont-ils faire ? » se demanda-t-il très-effrayé de les voir seuls sur la rivière.

Quelques secondes plus tard, Charles, à l'aide d'une gaffe, s'accrochait au vieil arbre et disait à sa sœur :

« A ton tour, tiens bien la gaffe, pendant que je vais pêcher avec mon panier. Je veux en prendre au moins cent. C'est maman qui sera bien étonnée de voir des poissons blancs dans nos deux aquariums.

— Il ne faudra rien lui dire, elle croira que ce sont les poissons rouges qui ont fait des petits tout blancs ; ce sera amusant, répondit la petite Cécile qui était très-gaie.

— Oui, mais il faut nous hâter, dit Charles.

— C'est vrai, reprit Cécile, car maman pourrait s'apercevoir que nous avons quitté la maison, et tu sais qu'elle l'a bien défendu.

— Sois tranquille, mais tiens ferme avec ta gaffe, que nous restions accrochés à l'arbre. »

Henri sentait que son devoir l'obligeait d'avertir les deux enfants des dangers qu'ils couraient à s'aventurer en rivière, mais d'un autre côté, il était caché si près d'eux qu'il craignait de les effrayer en leur criant brusquement de prendre garde.

Charles venait d'enfoncer son panier dans l'eau, et pour l'y maintenir, se penchait tellement en dehors du bateau, que la petite Cécile qui n'avait pas le pied marin, perdit l'équilibre, s'allongea sur sa gaffe et tomba dans l'eau la tête la première.

Elle disparut en une seconde. Trois cris perçants partirent aussitôt : le premier poussé par Charles. le second poussé par sa mère qui accourait à la recherche de Cécile, et la retrouvait juste au moment de sa chute.

Le troisième par Henri, qui, sans la moindre hésitation, se jeta tout habillé de son arbre dans la rivière.

Il reparut presque aussitôt en ramenant la petite Cécile qui n'avait pas eu le temps de perdre connaissance, et il la déposait saine et sauve aux pieds de sa mère, dont l'état d'égarement était affreux à voir.

Elle se précipita sur sa fille dont la suffocation avait déjà cessé.

Pendant ce temps, le bateau où Charles tout bouleversé se trouvait encore, s'en allait à la dérive vers le milieu de la rivière.

Henri s'en aperçut et se jeta de nouveau à la nage pour le ramener à bord.

Charles, à demi mort de frayeur, sauta sur la berge où il tomba de tout son long.

« Malheureux enfants! s'écria la pauvre mère dès qu'elle put recouvrer la parole ; commettre une pareille imprudence. »

Puis, levant enfin les yeux sur Henri qu'elle n'avait pas encore reconnu ni remercié, tant elle avait été bouleversée, elle s'écria :

« Comment, c'est toi qui as sauvé ma petite Cécile ! »

Et elle serra Henri dans ses bras l'embrassant avec une affection toute maternelle.

« Mais tu pouvais te noyer avec elle, mon pauvre Henri.

— Je sais nager, répondit modestement Henri, et d'ailleurs papa m'a toujours dit :

Fais ce que tu dois, advienne que pourra. »

Mme Levannier (c'était le nom de la mère de Cécile et de Charles) regarda son fils avec un singulier étonnement, puis se retournant vers Henri :

« Tu n'es donc pas le méchant enfant qu'on m'avait dit ! »

Henri ne répondit rien.

« Oh ! non, maman, s'écria alors Charles tout honteux. Il n'y avait pas un mot de vrai dans tout

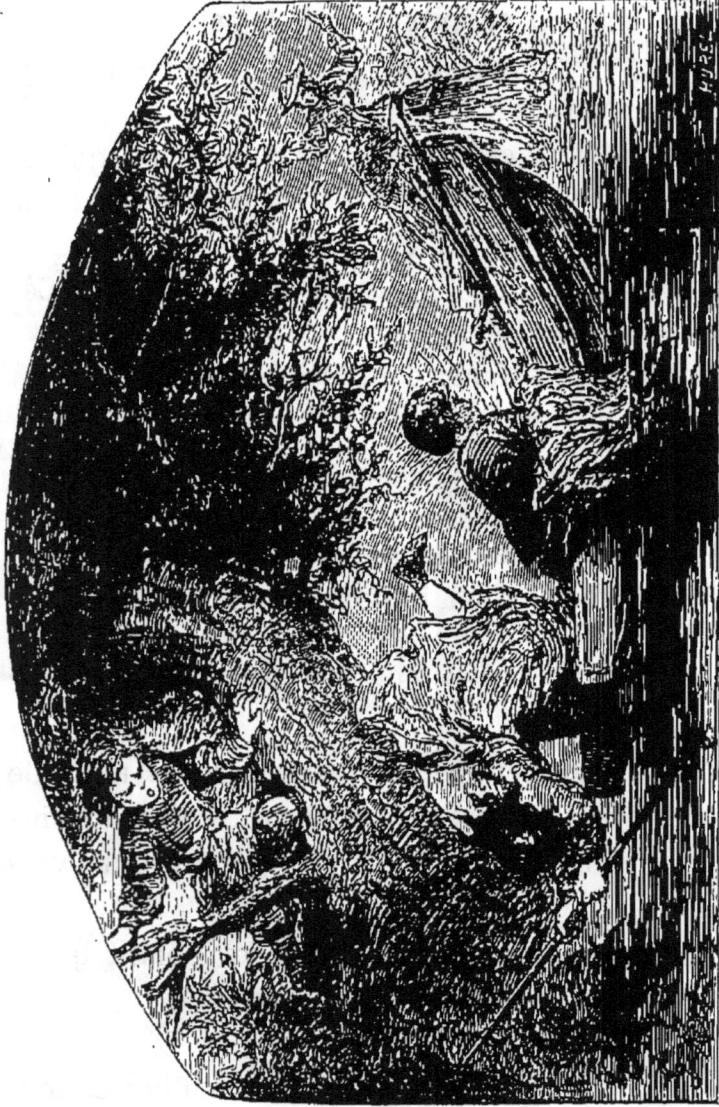

Cécile, qui n'avait pas le pied marin, perdit l'équilibre. (Page 219.)

ce que je t'ai écrit contre Henri ; je voulais sortir de pension, voilà tout.

— Oh ! mais c'est bien mal, Charles, d'avoir ainsi calomnié votre ami et trompé votre mère.... C'est impardonnable.

— Madame, pardonnez-lui, ce n'était pas par mauvais cœur, c'était par gourmandise, il trouvait la cuisine de la pension trop mauvaise, dit Henri en riant.

— Lui pardonner ! répéta Mme Levannier avec hésitation.

— Je vous en supplie, madame, dit Henri.

— Eh bien, je lui pardonne par reconnaissance pour toi, mon cher Henri, mais qu'il ne commette jamais une action si méprisable, car je sens que je le détesterais, et pour toujours.

— Oh ! non maman, je te le promets.

— Je l'espère, monsieur, » dit Mme Levannier, encore humiliée de la conduite de son fils.

La chaleur était si grande que Cécile et Henri purent attendre, sans inconvénient, leur retour à la maison de Mme Levannier pour changer d'habits.

Le soir même, Mme Levannier qui était allée avec Charles s'excuser auprès des parents de Henri, donna une fête qui réunit les deux familles.

Le jardin était entièrement illuminé. De plus

on pouvait y voir entre deux arbres, un large transparent où se lisait ce sage proverbe :

Fais ce que dois, advienne que pourra.

RIRA BIEN
QUI RIRA LE DERNIER.

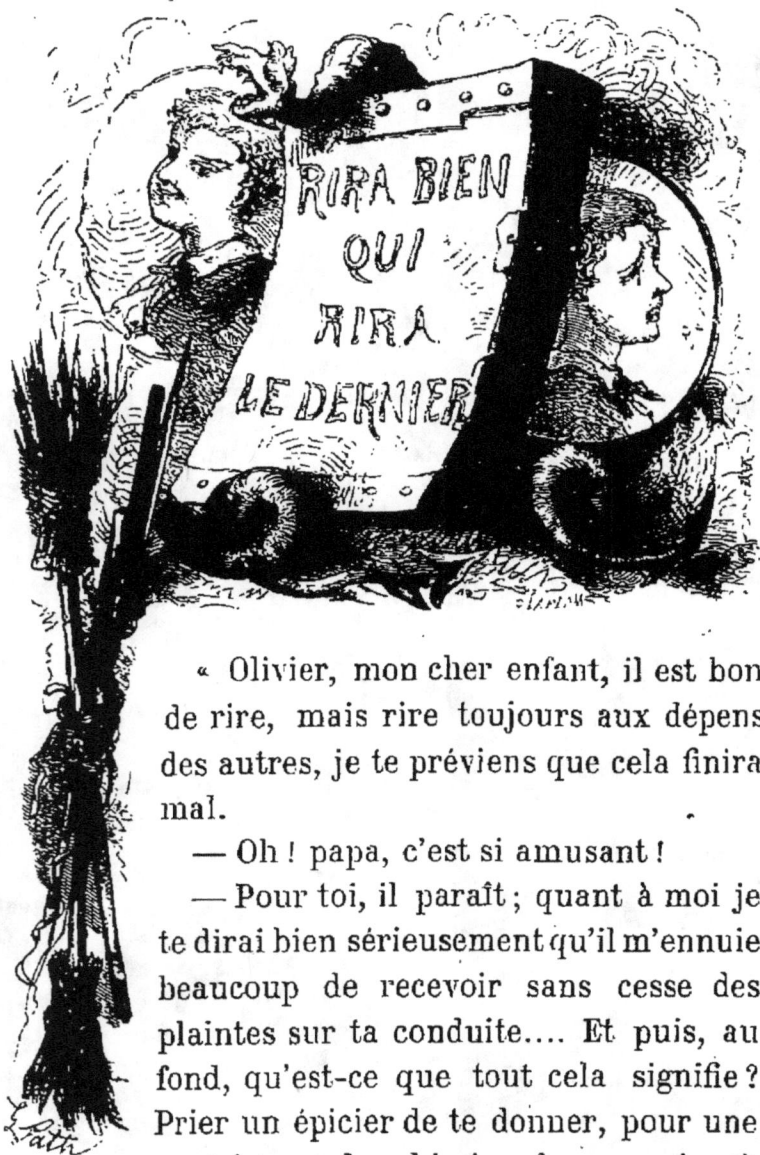

« Olivier, mon cher enfant, il est bon
de rire, mais rire toujours aux dépens
des autres, je te préviens que cela finira
mal.

— Oh ! papa, c'est si amusant !

— Pour toi, il paraît ; quant à moi je
te dirai bien sérieusement qu'il m'ennuie
beaucoup de recevoir sans cesse des
plaintes sur ta conduite.... Et puis, au
fond, qu'est-ce que tout cela signifie ?
Prier un épicier de te donner, pour une
expérience de chimie, de son riz où

il y a le plus de poussière, et quand il t'en ap-
porte naïvement, lui rire au nez en disant : « Eh
« bien, mettez celui-là de côté, c'est de l'autre
« qu'il me faut. » Retourner la voiture d'un paysan
qui s'est endormi, et lui faire rebrousser chemin
sur Paris quand il se croit en route pour Ver-
sailles. Attacher un os de gigot au cordon d'une
sonnette afin que tous les chiens viennent s'y suspendre en passant et fassent un carillon d'enfer
aux oreilles d'un pauvre homme qui ne demande
qu'à vivre en paix dans sa maison. Guetter le moment où une dame, grosse comme une tour et
soufflant comme un phoque, se hâte d'arriver au
chemin de fer, pour lui tomber dans les bras sous
prétexte d'entorse, et s'accrocher à elle en poussant des cris de brûlé jusqu'à ce qu'on ait la certitude de lui avoir fait manquer le train ; et alors
se sauver en éclatant de rire. Le souvenir de
ces plaisanteries et de bien d'autres que je n'ai pas
le temps d'énumérer te font sourire ; elles n'en sont
pas moins le fait d'un mauvais garnement, et tu
m'obligerais beaucoup d'y renoncer. Dans tous les
cas, je n'interviendrai plus pour empêcher les personnes qui auraient à se plaindre de toi de s'en
venger sur tes oreilles. »

Olivier était un charmant enfant de douze à
treize ans ; seulement il n'avait jamais rien fait

pour refréner sa folle humeur et la contenir dans
de justes limites.

Cependant il finit par promettre à son père, et
par se promettre à lui-même de devenir plus raisonnable.

Sa promesse datait déjà de plusieurs jours, et il
l'avait tenue assez rigoureusement. Par malheur
son imagination endiablée ne le laissait pas tranquille, et l'occasion le tentant, il retomba bientôt
dans ses fautes habituelles.

Monsieur Hardi, le père d'Olivier, était un simple
bourgeois et vivait dans un des gracieux villages,
à moitié citadins, qui avoisinent Paris à une distance de cinq à six lieues. Il s'était retiré là depuis
son veuvage, dans l'intention de procurer à son
fils le régime fortifiant de l'air libre.

Ce qui l'avait encore décidé à choisir cette retraite, c'est qu'il s'y trouvait une pension où Olivier
pouvait acquérir une grande partie des connais-
sances aujourd'hui plus que jamais indispensables
à un homme.

Olivier était externe, et l'obligation où il se trouvait chaque jour d'aller de la maison de son père à
sa pension, et de sa pension à la maison de son
père, était une pierre d'achoppement pour lui.

Il s'était fait un noyau de petits camarades qu'il
avait entraînés à lui servir de complices.

Tous les soirs, vers cinq heures, été comme

hiver, la petite bande s'échappait en riant d'avance des nouveaux projets qu'elle avait en tête, et qui étaient aussitôt exécutés que conçus.

« D'animaux malfaisants c'était un méchant plat » eût, en les observant, répété le bon la Fontaine.

Le jour où Olivier recommença ses gamineries, il avait été convenu qu'on sonnerait outrageusement à la porte d'une maison qui se trouvait sur leur chemin, et qu'on irait aussitôt se cacher dans un bouquet d'arbres, situé un peu plus loin, pour s'amuser de la personne qui viendrait ouvrir.

Cette maison était habitée par un vieux savant et par sa gouvernante.

Cet excellent homme s'occupait d'astronomie et, les paysans disaient de lui *qu'il travaillait dans les étoiles.*

Six petits gaillards, Olivier en tête, s'avançaient donc sur une seule ligne, rasant le mur du jardin de l'astronome.

Arrivés devant sa porte, ils y sonnèrent le plus fort possible et s'enfuirent à toutes jambes.

La gouvernante, qui ne tarda pas à paraître sur le seuil, regarda de tous côtés d'un air passablement effaré, puis elle se retira après avoir dit entre ses dents : « Quelque polisson, sans doute. »

Pendant ce temps, les petits mystificateurs bien cachés riaient tout bas à se tordre.

L'élan une fois donné, on ne pouvait s'arrêter en
si beau chemin ; une heureuse occasion d'ailleurs
se présentait d'elle-même. Un bonhomme affligé
d'un horrible boîtement et d'un tic nerveux qui

l'obligeait à faire une très-laide grimace, s'avançait
en ce moment de leur côté.

Nos petits polissons ne l'eurent pas plutôt aperçu
qu'ils se poussèrent du coude en ricanant.

« Oh ! oh ! s'écria Olivier qui n'était jamais pris
au dépourvu quand il s'agissait de faire une mauvaise plaisanterie ; puis il parla tout bas à ses camarades.

— C'est ça ! c'est ça ! » répondirent-ils à ses con-
fidences, et ils s'alignèrent immédiatement comme
des soldats qui se préparent à faire l'exercice.

Ils n'étaient plus qu'à une quinzaine de pas du pauvre infirme.

« En posture! » dit Olivier.

Et sans tarder, tous les bambins imitèrent la démarche saccadée du bonhomme, en même temps que son affreuse grimace.

Celui-ci s'arrêta stupéfait en voyant tous ces petits exemplaires de sa personne. Les enfants s'arrêtèrent également.

Le bonhomme toujours boitant, toujours grimaçant, se remit en marche, mais cette fois avec une rapidité dont on ne l'aurait pas cru capable.

La petite bande, réglant sa marche sur la sienne, avança plus rapidement aussi.

Le bonhomme, de plus en plus exaspéré par l'impertinence des petits drôles, leva sa canne pour les bâtonner vigoureusement. Mais bast! la canne n'était pas encore à moitié de son évolution que tous s'étaient enfuis.

Il y avait deux cents pas plus loin un marchand forain qui vendait de la bonneterie et de la rouennerie dans une petite voiture traînée par un âne. Le marchand criait et vantait sa marchandise pour exciter l'envie d'un grand nombre de commères arrêtées devant son étalage.

« Allons mesdames, achetez-moi des bas! des chaussettes! des mouchoirs! le tout à bon marché. Faites une surprise à vos maris, achetez-moi d'excellents bonnets de coton ; on n'a qu'à se les poser sur la tête pour dormir immédiatement, fût-ce en plein midi et en plein soleil! Allons, mesdames, profitez de la vente !

— Le vilain braillard! dit Olivier. C'est égal, venez avec moi, nous allons rire. »

La petite bande, pleine de confiance dans son chef, le suivit immédiatement sans plus d'explications, et en quelques instants elle avait franchi le cercle formé par les commères.

« Tiens, il y a longtemps que je promets à ma bonne de lui faire un cadeau! Si je lui achetais une douzaine de mouchoirs? » dit tout haut Olivier.

Le marchand saisit ces paroles au passage.

« Tenez, mon jeune monsieur, en voilà de superbes! c'est une occasion rare et dont je vous engage à profiter. Je les avais achetés pour la femme d'un banquier qui a fait faillite depuis, et ils me sont restés pour compte.

— Des mouchoirs de couleur pour la femme d'un banquier! dit railleusement Olivier.

— Elle prenait du tabac, mon jeune monsieur.

— C'est différent, mais ma bonne ne prend pas de tabac.

— Vous en voulez des blancs! en voici d'admirables, mon jeune monsieur, dit le marchand en passant à un autre ordre de marchandises.

— Ils sont un peu gros, fit Olivier après les avoir regardés et palpés avec attention.

— En voici de plus fins, mon jeune monsieur.

— C'est ce que vous avez de mieux? demanda Olivier.

— J'en ai encore en batiste pour les nez tout à fait délicats.

— Voyons-les, dit gravement le petit garçon.

— Du moment que vous ne regardez pas au prix. »

Et le marchand alla prendre dans un tiroir de sa voiture une douzaine de fins mouchoirs qu'il tenait en réserve pour les acheteurs distingués.

« Ah! voilà qui est mieux! qui est tout à fait bien! dit Olivier en les développant.

— Ce sont des mouchoirs à faire *salon doré*, ajouta le marchand avec emphase.

— C'est vrai, » fit Olivier, et se mouchant tout à coup au beau milieu de la batiste, il la rejeta au visage du bonnetier, puis s'enfuit à toute vitesse, suivi de ses petits camarades.

Tout le monde riait aux larmes autour du pauvre diable aussi stupéfait qu'humilié d'avoir été pris pour dupe.

Rouge de colère, il eût volontiers couru après Olivier pour le souffleter, mais outre que celui-ci avait le pied leste, le marchand ne se souciait pas d'abandonner sa boutique à laquelle il eût été trop facile de faire quelques emprunts. Il se contenta de maugréer, en formant le désir de retrouver un jour ou l'autre Olivier sur son chemin.

Nos gamins, pendant ce temps, s'étaient dispersés pour rentrer à la maison paternelle.

Le lendemain, en sortant de classe, Olivier et ses

émules convinrent de tirer de nouveau la sonnette de l'astronome. Ils allaient donc tout simplement recommencer leur plaisanterie de la veille, quand Olivier avisa des moellons en tas, fraîchement déposés devant la porte du savant. Ces pierres, destinées sans doute à quelque réparation intérieure, étaient taillées d'avance.

« Un instant, dit Olivier, il ne faut pas recommencer la même plaisanterie, ça nous ferait passer pour des imbéciles. Il sera plus gentil de varier ses divertissements en même temps que les nôtres, et puisque nous avons affaire à un savant, il faut le traiter avec la considération qu'il mérite. »

La porte du jardin était au fond d'une embrasure ménagée dans un mur de quarante centimètres d'épaisseur. Olivier, aidé par ses complices, y superposa sans bruit, et un à un, les moellons qu'ils avaient sous la main, de manière à boucher cette ouverture qui, en cinq minutes, se confondit avec la muraille. Ils ne regrettaient qu'une chose, c'était de n'avoir pas une augée de plâtre liquide pour consolider entièrement leur travail. Ce regret exprimé, ils sonnèrent comme la veille, mais dédaignèrent de prendre la fuite ; le mur qu'ils venaient d'élever les protégeant suffisamment contre la première fureur de la gouvernante.

On entendit bientôt des pas de femme résonner sur le sable du jardin.

« Elle arrive, » se dirent tout bas les enfants en trépignant de joie et d'impatience.

La clef tourna dans la serrure, et aussitôt la bonne femme, qui se heurtait contre la muraille improvisée, criait de toutes ses forces :

« Ah! mon Dieu! qu'est-ce que c'est que ça!

Monsieur! monsieur! venez donc voir; il y a un mur à la place de la porte. »

Pour le coup, nos petits gaillards, cachés par les moellons, se tordaient de rire, en silence toutefois.

L'astronome, attiré par les cris de sa gouvernante, se hâtait d'arriver.

« Qu'avez-vous donc, Catherine, pour faire un pareil bruit?

— Que monsieur s'approche, et il en verra de belles.

— Tiens! dit l'astronome en prenant un air consterné ; on nous a murés! Nous voilà dans un bel embarras.

— Comment, monsieur ? fit la gouvernante effarée.

— Parbleu! nous voici condamnés à mourir de faim et de soif.

— Mourir de faim !

— Allons, taisez-vous, Catherine, et passez-moi la paire de pincettes que vous tenez étourdiment à votre main. »

Le vieux savant se servit aussitôt de l'ustensile pour repousser un à un les moellons entassés par Olivier et ses camarades.

Ceux-ci ne virent pas plutôt remuer leur muraille qu'ils déguerpirent avec la rapidité des malfaiteurs surpris par les gendarmes.

Catherine ne se sentait pas d'aise d'en être quitte à si bon marché.

« Comprenez-vous, grosse niaise, qu'il n'était pas nécessaire de faire tant de tapage pour si peu de chose.... Ce sont des enfants qui nous ont joué ce mauvais tour, lui dit l'astronome.

— Les polissons ! que je les y prenne, et je leur tirerai les oreilles.

— L'idée est bonne, Catherine, mais vous oubliez

que leurs oreilles ont de meilleures jambes que les
vôtres.

— Monsieur verra....

— Je ne demande pas mieux.

— Voilà la deuxième fois qu'ils me dérangent
juste à l'heure où je m'occupe de mon dîner. Ah
mon Dieu! le poulet qui va avoir un coup de
feu! »

Et la gouvernante courut, autant qu'elle pouvait
le faire, dans la direction de sa cuisine. Quant à
l'astronome, il rentra chez lui après avoir remis les
moellons à leur première place.

Olivier, non plus que tout son monde, ne pouvait
se contenter de ce premier divertissement, et il
s'occupait déjà à s'en procurer un second.

Il y avait sur leur passage une jolie petite maison
blanche habitée par une femme très-connue dans le
village pour son caractère violent, car il ne se passait guère de semaines sans qu'elle eût maille à
partir avec ses fournisseurs ou ses voisins. La veille
encore elle mettait sa servante à la porte après
l'avoir largement souffletée. Olivier, qui avait
assisté en passant à ce brusque renvoi, savait que
Mme Laurent (c'était le nom de cette femme) était
seule chez elle, et l'idée lui vint de la mettre en colère pour son propre compte. Il y rêvait lorsqu'un
jeune chien vint tout à coup frétiller dans ses
jambes....

« Le joli petit chien ! » dit Olivier qui adorait les animaux.

Il le prit dans ses bras. Celui-ci se mit aussitôt à lui lécher le visage et les mains.

« Qu'il est gentil ! répétait Olivier en le caressant. Messieurs ! messieurs ! je tiens mon idée, ajouta-t-il, venez tous avec moi ! »

Il entraîna ses compagnons vers la petite maison blanche, mais sans vouloir leur communiquer son projet.

Il tenait précieusement son petit chien sous le bras.

« Madame ! madame ! » criait déjà Olivier qui s'était mis en ligne avec ses camarades devant les marches du perron.

Point de réponse.

« Madame ! madame ! répéta Olivier.

— Que voulez-vous, mes enfants ? dit enfin Mme Laurent en paraissant à une fenêtre du premier étage.

— C'est quelque chose que nous avons à vous dire, quelque chose de très-pressé. Veuillez descendre, je vous en prie, madame.

— Dites-le-moi vite, alors, car je suis sans domestique pour vous ouvrir, et ne puis descendre avant d'avoir terminé ma toilette.

— Oh ! madame ! je vous en supplie.

— Eh bien, attendez que je repasse mon peignoir.

Voyons, mes petits amis, qu'avez-vous de si pressé à me dire, reprit Mme Laurent en se montrant cette fois à une fenêtre du rez-de-chaussée.

— Mon Dieu, madame, c'est un de nos petits camarades qui vient de se trouver subitement indisposé, et Olivier désignait un petit bonhomme, joufflu comme un triton, qui se tenait à sa gauche.

— Quoi! ce gros garçon?

— Oui, madame, et comme nous sommes très-loin de chez nous, nous vous prierions de vouloir bien....

— Lui donner un verre d'eau sucrée, à la fleur d'orange? dit obligeamment la femme colère, qui était au fond très-bonne personne.

— Non, madame, ce n'est pas ça.

— Que voulez-vous alors? dites-le, mes enfants. »

Olivier prit un air sentimental.

« C'est qu'il à la colique, madame, que ça le tourmente très-fort.

— Comment! c'est ce gros joufflu qui a la colique?

— Mais non, madame, c'est Julio.

— Qui ça, Julio?

— C'est mon petit chien, madame, et il voudrait savoir si vous préférez qu'il s'arrête à votre porte ou bien à celle du voisin. »

Les amis d'Olivier, qui ne s'attendaient pas à cette

16

vilaine plaisanterie, éclatèrent de rire. Quant à
Mme Laurent, elle s'écria avec indignation :

« Vilains polissons! attendez, attendez, que je
vous corrige d'importance. »

Mais comme toujours, nos gamins étaient déjà
loin, grâce à l'agilité de leurs jambes.

« Et de deux! » dit Olivier qui riait encore du visage empourpré de la femme colère.

Ils auraient pu, pour un jour, s'arrêter à ces deux
plaisanteries, mais l'occasion de mal faire n'est que
trop fréquente et elle ne tarda à se présenter encore
à eux.

Deux charretiers qui conduisaient de ces formi-
dables voitures destinées au transport des pierres
de taille, étaient entrés dans un cabaret, autant

pour se rafraîchir que pour laisser un peu souffler leurs chevaux fatigués.

Olivier, avec le coup d'œil exercé d'un général, s'était aperçu que la seconde voiture traînait une longue corde après elle, et qu'il y avait tout près une belle échoppe de savetier. Cette barraque était montée sur quatre pieds d'une hauteur de trente centimètres. Opérer, à l'aide de la corde, une liaison intime entre la voiture et l'échoppe, de manière à ce que la première ne pût faire un pas sans entraîner la seconde, parut à Olivier une chose tout à fait amusante, et il communiqua à ses camarades son nouveau projet qu'ils trouvèrent excellent.

L'exécution n'en était pas très-facile, car le savetier, présent dans son échoppe, pouvait s'apercevoir du mauvais tour qu'on chercherait à lui jouer. Les charretiers étaient moins à craindre par cette raison que deux charretiers qui boivent ne s'occupent plus guère d'autre chose. Olivier calcula le pour et le contre, et comme c'était en fin de compte un garçon déterminé, il résolut de tenter l'aventure, mais tout seul. Il fut donc convenu que ses petits amis iraient l'attendre pendant ce temps vingt pas plus loin, et qu'ils n'auraient *l'air de rien*, afin de n'éveiller les soupçons de personne.

Ces précautions prises, il se rasa comme un chat, puis se glissa sans être remarqué entre les voitures et l'échoppe de maître Martin.

Celui-ci chantait à tue-tête et battait un morceau de cuir qu'il voulait transformer en semelles. Il faut dire en passant qu'il chantait très-faux.

« Attends, attends, je vais te faire chanter plus juste, » se disait Olivier en finissant d'attacher sa corde à deux des pieds de la barraque.

Le savetier avait tant de plaisir à s'entendre qu'il n'eut garde de remarquer l'enfant et qu'il le laissa faire tranquillement et tout au long sa méchante besogne.

Celui-ci se hâta de rejoindre ses camarades.

« Eh bien, est-ce fini ? lui demanda l'un d'eux.

— Certainement, et je puis vous assurer que la corde est attachée solidement.

— Ce sera drôle, dit un autre, de voir l'échoppe se mettre en route avec son propriétaire dedans.

— C'est lui qui sera étonné ! avec ça qu'il n'a peut-être jamais été en voiture, fit Olivier.

— Dame ! un savetier.

— Eh bien, ce sera une bonne occasion pour lui, reprit Olivier qui ajouta : Dites donc, il ne faut pas rester là à attendre la sortie des charretiers, on devinerait trop facilement que nous sommes les auteurs de la plaisanterie. »

Il y avait non loin de l'endroit qu'ils occupaient une place plantée d'arbres, ainsi qu'il s'en trouve aux carrefours de certains villages ; la petite bande y courut sous prétexte de jouer aux quatre coins.

Leur jeu, on le devine, manquait d'animation, et leurs regards étaient constamment tournés du côté du cabaret.

Les deux charretiers en sortirent enfin, faisant claquer vigoureusement leurs fouets pour avertir les chevaux qu'il était temps de repartir.

« Ne cessons pas de jouer, » dit vivement Olivier à ses camarades qui s'étaient retournés au bruit retentissant des coups de fouet.

Les chevaux, au nombre de dix, cinq à chaque voiture, étaient en marche.

Tout à coup on vit des gens qui criaient en levant les bras et en accourant de tous les côtés à la fois.

Ils venaient d'apercevoir l'échoppe de maître Martin qui s'en allait, traînée à la remorque de la dernière voiture. La malheureuse boîte rebondissait debout sur le pavé, quand un dernier choc la renversa.

Ce brusque mouvement fit lâcher prise aux nœuds de corde qui n'avaient été serrés que par des mains d'enfant.

Les charretiers, étourdis par le bruit de leurs grosses voitures, continuaient leur chemin sans se douter de l'accident dont ils avaient été la cause involontaire.

Quand Olivier et ses camarades virent qu'une douzaine de personnes entouraient l'échoppe du savetier, et qu'elles se hâtaient de la relever, ils accoururent pour prendre leur part du spectacle qu'ils présumaient devoir être fort divertissant.

Ils ne s'étaient pas trompés.

L'échoppe remise sur ses pieds avait sa porte ouverte, et l'on cherchait inutilement le savetier qu'on entendait chanter l'instant d'auparavant.

« Il n'y a personne! dit une voix.

— Je vous dis qu'il chantait encore tout à l'heure, répondait-on.

— C'est vrai, il n'y a pas *core* une demi-heure qu'il m'a rendu les souliers de mon *éfant*, dit une grosse paysanne. Regardez plutôt.... *v'la queuque-chose qui grouille qu'on dirait même que c'est des jambes où qu'y a eune paire de vieilles bottes.* »

On venait d'apercevoir en effet, sous un tas de choses informes, mais où les savates dominaient, deux pieds vivants qui se confondaient avec le reste au premier coup d'œil.

« Faut le tirer par les jambes, ça fera venir le tout, » reprit la grosse paysanne.

Le conseil fut immédiatement suivi, et l'on vit enfin apparaître le pauvre savetier, coiffé jusqu'aux épaules d'un grand seau de zinc qui s'était préalablement vidé sur lui.

Tous les spectateurs poussèrent un éclat de rire.

« Faut lui ôter son chapeau, » reprit la grosse paysanne en joignant l'action à la parole.

Le savetier, dont on put alors voir le visage, avait

un air si piteux et si grotesque à la fois que les rires redoublèrent.

Olivier et ses camarades riaient plus fort que les autres.

« Mille z'yeux ! s'écria enfin le savetier qui avait peine à comprendre ce qui s'était passé ; il y a donc *évu* un tremblement de terre.

—Il y en a *évu* deux, père Martin, un grand et un petit, répondit Olivier qui se tordait de rire avec tout le monde.

—C'est du propre ! si nous allons avoir des tremblements de terre à présent, disait le père Martin qui s'était relevé, et considérait, non le dégât, mais le bouleversement qui avait tout confondu dans son échoppe.

— On dirait que la terre s'est fendue à l'endroit où était votre boutique, » reprit Olivier d'un air sérieux, et comme s'il observait un phénomène.

Le malicieux enfant venait de simuler cette fente à l'aide de son couteau.

« C'est vrai, » dit le savetier d'un air consterné.

Il était si réjouissant dans sa gravité que personne ne voulut le tirer de son erreur.

« Ah ça, qu'est-ce que vous avez d'abord *sentu*, père Martin? Racontez-nous ça, » lui dit la grosse paysanne, qui s'amusait d'autant plus que le savetier n'avait aucun mal.

Le père Martin répondit :

« Ah dame, mère Boivin, j'étais là tout bonnement à faire ma besogne, quand tout à coup j'ai reçu une très-forte *escousse* qui m'a fait tomber le nez sur mon ouvrage, puis tout de suite encore une autre *escousse* qui m'a emboîté la tête dans le *siau* *où* que je mets tremper mon cuir.... Et puis encore après, trois ou quatre autres *escousses* qui m'ont fait culbuter toujours la tête dans mon *siau* au point que j'en étouffais, et que j'ai cru à la fin du monde. *Vlà* ce que j'ai *sentu*, mère Boivin, puisque ça vous est *agriable* de le savoir. »

Le récit du savetier ne fit qu'augmenter l'hilarité de l'auditoire.

Mais comme il était temps pour Olivier et ses compagnons de rentrer dîner, ils se sauvèrent très-heureux de s'être tant amusés à si peu de frais, laissant aux spectateurs attirés par l'événement le soin de remettre en place l'échoppe de maître Martin.

Comme c'était chaque jour à recommencer, nos gamins ne se séparaient pas sans se dire :

« Nous nous amuserons encore demain. »

Il y avait d'ailleurs la gouvernante de l'astronome qu'on ne pouvait laisser tranquille si facilement.

Le lendemain donc Olivier, levé plus tôt qu'à l'ordinaire, en avait profité pour préparer une nouvelle surprise à la bonne femme ; une surprise qui, celle-là, disait-il à ses camarades, ferait plus de bruit que les autres. Il avait refusé toute la journée de s'expliquer davantage, sans doute pour stimuler leur curiosité.

Le moment d'agir étant arrivé, il les entraîna vers la maison du vieux savant. Puis les arrêtant à mi-chemin au pied d'un grand peuplier d'Italie :

« Voilà deux jours que nous passons à la même heure, et la bonne femme doit être sur ses gardes ; je vais m'en assurer. »

Il fut en quelques secondes à la moitié de l'arbre

d'où le regard pouvait plonger dans le jardin de l'astronome.

« Elle y est! s'é-cria-t-il, ravi d'a-voir si bien deviné.

— Qui? lui demanda-t-on.

— La gouvernante! elle est en faction derrière la porte, un manche à balai à la main ; ça va-t-il être amusant!

— Et si elle nous attrape! objecta l'un d'eux.

— Ne craignez rien ; il vaut mieux d'ailleurs que vous res-tiez ici.

— Tiens, pourquoi donc? demanda un des plus animés de la bande.

— Vous me géne-riez.... Vous serez aux premières pla-ces dans ce peu-plier ; montez - y tous, et tout de suite.... Vous me raconterez ce que vous aurez vu. Allons! vite! et

soyez tranquilles, avant cinq minutes je vous aurai rejoints. »

Olivier s'éloigna, et la petite troupe se logea aussitôt dans l'arbre.

Son chef, arrivé près de l'endroit où la gouvernante montait consciencieusement la garde, remarqua que la porte du jardin était un peu entre-bâillée.

Le soleil passant à travers l'étroite fente, trahissait à son insu l'attitude de la sentinelle dont l'oreille était appliquée à cette ouverture.

« Comme ça se trouve ! » pensa Olivier.

Tirant aussitôt de sa poche un petit pistolet, il l'arma et en dirigea le canon vers le ciel, puis lâcha la détente.

Le coup partit à quarante centimètres au plus de l'oreille de la gouvernante. La malheureuse poussa un cri et tomba épouvantée.

« Ah ! je suis morte.... » murmurait-elle.

Olivier était déjà retourné auprès de ses camarades qui, d'abord effrayés de la détonation, en avaient vite deviné la cause. L'incorrigible enfant prenait place sur le peuplier juste au moment où l'astronome, attiré par le coup de feu, s'empressait de relever sa gouvernante.

« Ah monsieur ! monsieur ! je suis morte ! les petits brigands m'ont tuée ! s'écriait-elle.

— Allons, allons, grande sotte ! vous n'êtes pas

plus morte que moi, et c'est vraiment dommage, car vous ne crieriez pas si fort.

— Comment monsieur peut-il encore se moquer de moi, s'écria Catherine indignée.

— Parbleu! j'avais bien dit que vous ne seriez jamais assez leste pour les prendre par les oreilles.

— Eh bien, que monsieur les prenne! il verra si c'est facile.

— Je les prendrai, Catherine.

— Nous verrons bien le savoir-faire de monsieur.

— Il ne faudra pour cela qu'ouvrir les yeux, Catherine; mais je veux, en attendant, vous faire voir un spectacle qui vous intéressera; venez. »

La servante suivit son maître au premier étage de la maison.

« Maintenant, Catherine, mettez vos lunettes, écartez le rideau, et regardez attentivement le grand peuplier qui est là-bas sur la droite. Qu'y voyez-vous?

— Rien, monsieur.

— Attendez un peu.

— Ah! monsieur, je vois une demi-douzaine de garnements qui en descendent.

— Ce sont ceux-là qui s'amusent à vos dépens.

— Monsieur les avait donc vus?

— Non!... seulement j'ai deviné qu'ils devaient être là. »

La gouvernante regarda son maître avec admiration.

Celui-ci reprit :

« Rien de plus simple. Ils ont dû penser qu'on finirait par guetter leur passage, et pour s'en assurer ils sont montés dans cet arbre, le seul point élevé d'où l'on puisse voir dans ce jardin. Là, ils vous ont aperçue en embuscade derrière la porte, et l'un d'eux, le plus hardi, est venu tirer un coup de pistolet à portée de vos oreilles.

— Monsieur.... ce devait être un coup de canon.

— Soit !... Certain ensuite que la frayeur vous empêcherait de courir après lui, il sera retourné immédiatement retrouver ses camarades pour savoir ce qui s'était passé de l'autre côté du mur.

— Ah ! monsieur ! ce sont des scélérats finis.

— Non, ce sont des enfants qu'il faut corriger, voilà tout ; je m'en chargerai après-demain.

— Pourquoi pas dès demain, monsieur ?

— C'est demain jeudi, jour de congé, et il est à croire qu'ils nous laisseront tranquilles.

— Monsieur pense à tout.

— Vous, pensez à mettre mon couvert, car je dînerais volontiers. »

Le vieux savant s'était trompé dans ses appréciations sur le jeudi. Il était à peine éveillé le lendemain que Catherine, de retour du village où elle était allée aux provisions, vint lui annoncer qu'elle avait vu Olivier et ses camarades se diriger vers un petit bois situé à peu de distance, et qu'ils rabattraient certainement du côté de leur maison.

« Ah ! diable, Eh bien je vais prendre mes précautions. Dites-moi, vous n'attendez personne.

— Non, monsieur, personne.

— On ne doit rien apporter ?

— Non, monsieur.

— Cela suffit.... Ah ! ah ! mes petits gaillards.

— Si vous saviez, monsieur ! tout le monde se plaint d'eux dans le pays ; ils y font tous les tours imaginables.

— Allez à vos affaires, Catherine.

— Monsieur n'a pas besoin de moi pour la leçon qu'il veut donner à ces petits garnements ?

— Quand je donne une leçon, dame Catherine, je la donne tout seul.... Allez ! »

La servante se retira très-intriguée des intentions de son maître.

Une heure se passa.

Tout à coup la gouvernante entra comme une trombe dans la chambre de l'astronome, en s'écriant :

« Les voici ! les voici ! Et je gage que monsieur n'a encore songé à rien ?

— Vous vous trompez, Catherine, je songe toujours à quelque chose.

— Alors monsieur va descendre ?

— Rien ne presse.

— Quand je les ai vus de ma fenêtre, ils n'étaient guère qu'à une centaine de pas, monsieur.

— Justement.... Il faut leur laisser le temps de les faire ; d'ailleurs le bruit de la sonnette m'avertira.

— Et monsieur pense pouvoir arriver assez vite pour les prendre ?

— Ils m'attendront si je tarde, dame Catherine.

— Si monsieur compte là dessus, dit la gouvernante impatientée.

— J'y compte, » répliqua tranquillement son maître.

Un violent coup de sonnette retentit en même temps qu'un cri perçant.

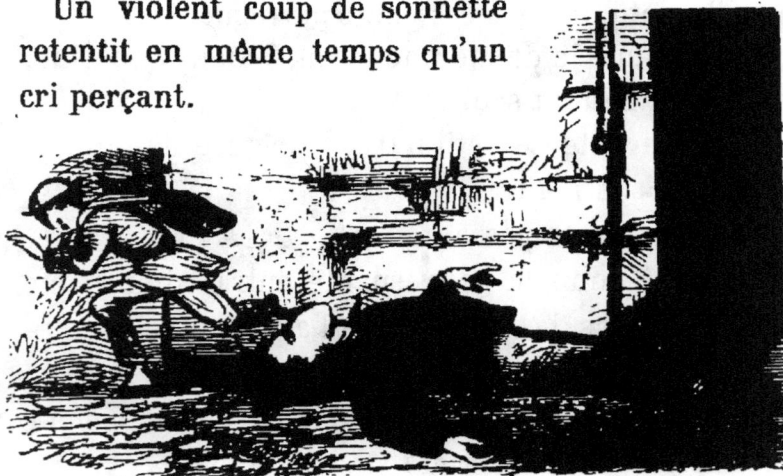

« En voilà toujours un de pris, » dit en riant l'astronome.

Catherine regarda son maître avec un profond étonnement.

« Allons le voir, » reprit celui-ci.

La porte du jardin ouverte, ils aperçurent Olivier étendu à terre. Ses camarades effrayés fuyaient au loin.

La gouvernante très-émue regardait l'enfant et croyait rêver.

Le vieux savant le releva, puis le conduisit fort doucement sur un banc de son jardin où il acheva bientôt de se remettre.

« Eh bien ! mon gaillard, lui dit-il, tu ne t'attendais pas à celle-là ? Plaisanterie pour plaisanterie ; tu avoueras même que la mienne n'est pas la plus mauvaise.

— Monsieur.... balbutia Olivier rempli de confusion.

— Tu as l'esprit inventif, mon cher ami. La porte murée et le coup de pistolet ne sont pas mal imaginés, je me plais à le reconnaître, seulement comme tes plaisanteries finissaient par nuire à la santé de ma gouvernante, ainsi qu'à ma cuisine qu'elle laissait brûler, j'ai désiré y mettre fin ; car tu ne recommenceras plus, n'est-ce pas, mon ami ?

— Non, monsieur, répondit Olivier.

— Tu feras bien : premièrement, parce qu'il n'est pas convenable qu'un enfant manque de respect aux grandes personnes, et c'est leur manquer de respect que de vouloir s'amuser à leurs dépens ; secondement, parce que la chaîne de ma sonnette au lieu de te renverser tout bonnement, pourrait bien une autre fois te casser le bras, car elle a reçu de moi les ordres les plus formels à ce sujet.

— C'est à dire, monsieur, que vous l'électriseriez plus fort la seconde fois que la première, répondit Olivier en souriant.

— Ah ! ah ! nous avons donc fait un peu de physique ? s'écria le savant d'un air satisfait.

— Oui, monsieur.

— Eh bien, il faut continuer, mon cher enfant, cela vaudra mieux que de tourmenter une foule de bonnes gens qui ne t'ont jamais fait aucun mal. Et puis tu es trop gentil, trop intelligent, pour t'amuser comme les polissons des rues. Allons, va mon cher ami, et surtout deviens raisonnable. »

Ces dernières paroles furent accompagnées d'une petite tape d'amitié sur la joue.

Olivier se retira après avoir salué profondément l'astronome et sa gouvernante. Celle-ci lui répondit par une révérence qui était encore de mode il y a bien cinquante ans.

« Mais c'est qu'il est très-bien ce jeune monsieur, ne put-elle s'empêcher de dire dès qu'Olivier se fût éloigné.

— Et vous qui vouliez l'assommer ou tout au

17

moins lui couper les oreilles, sauvage que vous êtes !

— Dame ! si j'avais pu comme monsieur, le prendre par la *chimique.*

— La physique, Catherine.

— Oui, monsieur. Ah çà, qu'est-ce que monsieur avait donc mis sur la chaîne de la sonnette que ça l'a comme ça jeté tout de suite sur le dos, ce petit jeune homme ?

— Je vous l'expliquerai une autre fois, Catherine, qu'il vous suffise de savoir que je pourrais vous couper en deux le jour où vous mettriez trop de sel dans mon potage, ce jour-là, aussi bien que les autres jours.

— Monsieur est donc sorcier ?

— Tout ce qu'il y a de plus sorcier, Catherine ; réglez-vous là-dessus. »

Les camarades d'Olivier, honteux de leur panique, cessaient enfin de courir, et ils s'apprêtaient même à retourner sur leurs pas pour porter secours à leur chef, quand ils l'aperçurent.

« Le voilà ! » s'écrièrent-ils ; et ils s'élancèrent à sa rencontre, avides de le questionner sur ce qui lui était arrivé.

Olivier leur raconta tout, et termina son récit en disant que le vieux savant était un charmant homme, et qu'il serait bien fâché de lui être désagréable à l'avenir.

L'humeur agressive de la bande s'était un peu calmée, et elle s'entretenait l'oreille basse en traversant le village, sans songer à inquiéter personne. On eût même dit qu'elle faisait en ce moment un sage retour sur elle-même.

Il n'en était plus temps ; l'heure de l'expiation était sonnée.

Nos petits associés s'étaient hâtés le matin de raconter à leurs camarades de classe le tour joué au père Martin, et ceux-ci l'avaient ensuite redit à tant de personnes, que les auteurs de cette plaisanterie avaient été vite connus de tout le village. Comme il est d'usage en pareille circonstance, on en vint à se rappeler leurs précédents méfaits, et on résolut de les en punir par mesure de sûreté générale. On ne les vit donc pas plutôt engagés dans la grande rue, que trois paysans qui s'étaient donné la mission de les corriger et qui les guettaient depuis le matin, se présentèrent à distance les uns des autres en agitant leurs fouets et en criant :

« A bas les méchants *galoupins !* »

Les enfants eurent un moment de stupeur et ils se pressèrent autour d'Olivier, non pour le garantir, mais pour lui demander protection.

Olivier était très-brave, et il se redressa en voyant le danger que couraient ses amis, car il se souciait très-peu personnellement des trois paysans qu'il avait pour adversaires. Son premier soin fut d'examiner la situation. Il y avait un homme à chaque bout de la rue, un troisième en barrait le milieu. En résumé, deux devant, un seul derrière. Le plus court était de rétrograder.

« Ah ! ah ! messieurs les butors, qui voulez faire de la morale à coups de fouet, nous allons voir, » se dit Olivier.

Dans le même instant il aperçut un balai de bouleau laissé devant une porte et se hâta de s'en emparer. Puis, affectant la posture d'un soldat qui charge à la baïonnette, il dit à ses camarades :

« Suivez-moi ! Vous jouerez des jambes, sans vous inquiéter du reste, dès que vous me verrez aux prises avec le rustre qui nous a coupés la retraite. »

Cela dit, Olivier marcha droit au paysan qui continuait de les menacer en brandissant son arme à l'entrée du village.

L'enfant avait quelque chose d'héroïque. A l'approche de la petite bande, le paysan, gros garçon de dix-huit ans, fit claquer son fouet, comme s'il voulait nettoyer le sol devant lui.

« Grand lâche ! qui veut battre des enfants, lui cria Olivier.

— *Des biaux éfants !* qui font des *misères* à tous les gens du pays. »

Le rustre accompagna ces paroles d'un nouveau coup de fouet qui cingla les mollets d'Olivier.

Celui-ci feignit alors une grande douleur et s'affaissa.

« C'est pas fini, et t'en recevra ben d'autres, méchant *galoupin*.

— Et toi aussi, grande bête ! car voilà papa qui accourt avec son fusil. »

Il n'en était rien.

Ce qui n'empêcha pas le jeune paysan de regarder derrière lui avec un subit effroi.

Olivier qui guettait ce moment, en profita pour lui porter un coup de balai au milieu du visage. Le balai était rempli de boue, si bien que le rustre en eut plein les yeux, plein la bouche, au point d'en être en même temps aveuglé et suffoqué.

« Sauvez-vous ! sauvez-vous ! mes amis, » criait Olivier à ses camarades, et cela tout en portant un second coup de balai à son ennemi, mais un coup décisif qui l'accula au mur.

Les amis du vainqueur, émerveillés de son succès, se ruèrent à leur tour sur le paysan pour lui arracher son fouet avec lequel ils s'enfuirent en riant et en criant comme des fous.

« Et d'un ! dit Olivier, laissons celui-là se débarbouiller et courons sus aux deux autres. »

Olivier était dans l'obligation de traverser le village pour rentrer chez son père.

Le second paysan, placé à distance, n'avait pas trop bien compris la défaite du premier, et il se tenait sur ses gardes à l'angle d'un petit abreuvoir qui avançait de quelques mètres sur la rue ; et là, faisait un affreux tintamarre avec son fouet.

« En voilà un qui me paraît plus décidé que le premier, pensa Olivier. Bah ! il faudra bien qu'il me laisse passer. Dans tous les cas, j'en serai quitte pour quelques meurtrissures aux jambes. Le plus humiliant est d'être battu par de pareils rustres. Quel brave homme au moins que ce vieux savant ! Celui-là se venge autrement qu'avec des coups de fouet. »

Ces réflexions n'arrêtaient pas le pauvre Olivier, et il cherchait des yeux, mais inutilement, une arme autre que son balai.

« A nous deux ! mauvais *galoupin !* lui cria tout à coup son second adversaire, un homme d'une trentaine d'années.

— Qu'est-ce que vous me voulez ? dit brusquement l'enfant.

— Je veux *t'apprindre mon gas que faut pas toujours se moquer des autres.*

— Vous n'en savez pas assez long pour m'apprendre quelque chose, grand imbécile ! entendez-vous ?

— Ah ! c'est *mouai* que t'insulte à présent ?

— Parbleu ! une grande bête qui se tient là en faction pendant deux heures pour avoir le plaisir de battre des enfants.

— Ah qu'*oui* que j' te vas battre ! mauvais *galoupin, puis que c'est comme ça.* »

Et le paysan furieux faisait claquer son fouet en avançant sur Olivier.

Mais Olivier qui était un grand stratégiste avait l'œil à tout, et il lui lança immédiatement son balai au visage, puis s'emparant d'une longue brouette vide, rangée le long du mur, à portée de sa main, il la roula si violemment dans les jambes du paysan, que ce dernier surpris par cette double manœuvre, fit un bond en arrière et culbuta dans l'abreuvoir.

« Et de deux ! » s'écria Olivier qui, à tout hasard se hâta de ramasser son balai.

Enhardi par ce second succès, il courut, en riant cette fois, vers son troisième adversaire qui n'était autre que le père Martin, le savetier dont l'é-

choppe avait été un moment transformée en char.
Le bonhomme savait depuis le matin à quoi s'en

tenir sur le tremblement de terre qui l'avait si
fort inquiété, et il s'était promis d'en étriller l'auteur; son impatience de le sentir au bout de son
tire-pied était même fort grande.

En un instant le savetier et l'enfant se trouvèrent face à face, à six pas de distance.

« Eh bien! père Martin, est-ce que vous craignez un nouveau tremblement de terre, que vous
voilà encore sorti de votre établissement?

— Ah! brigand! tu me gouailles! Attends un
peu! »

Et le père Martin brandissait son tire-pied.

« Tiens ! c'est une fronde que vous avez là, père Martin ? Il faut prendre garde de vous blesser avec ça, c'est très-dangereux.

— Gredin ! reprit le savetier en s'élançant sur Olivier, qui, à chaque tentative de ce genre, sautait comme un écureuil pour lui échapper.

— Je vous dis que vous ne savez pas vous servir de votre fronde ! entendez-vous, père Martin ? Après ça, vous n'avez peut-être pas appris.

— Gredin ! tu *van' n'avoir* si je t'attrape.

— Très-bien, mais il faudrait pour cela jeter votre fronde, ça vous empêche de courir. Et puis, ce n'est pas votre faute, mais vous restez trop assis dans votre état, ça vous enmêle les jambes. Non, non, je me trompe, c'est la peur des tremblements de terre qui vous retient. N'est-ce pas, père Martin ? »

Le savetier dont ces piqûres d'épingle augmentaient la colère, s'élança avec des yeux de taureau furieux sur l'enfant ; mais comme il n'était pas seulement hors de lui, qu'il était encore hors d'haleine, il manqua de nouveau son coup ; le plus malheureux c'est qu'il tomba embarrassé dans le balai qu'Olivier venait de lui jeter dans les jambes.

L'enfant trouvant le passage libre, bondit de l'autre côté et gagna du champ.

Une fois en sûreté, il se retourna vers le savetier qui se relevait tout penaud, et lui cria :

« Au revoir ! père Martin, n'oubliez pas de mettre un peu d'eau-de-vie sur vos blessures.... et surtout, surtout ! méfiez-vous des tremblements de terre. »

Mais, hélas ! comme le coq de la fable, Olivier chantait trop tôt sa victoire, car il achevait à peine ces paroles, qu'une espèce d'hercule le saisissait par derrière et l'enserrait dans ses bras comme dans un véritable étau.

L'enfant voulut résister, mais une force incomparablement supérieure à la sienne l'avait déjà couché sur le ventre, et lui liait bras et jambes avec de longues bandes d'étoffe.

« Ah ! ah ! mon bonhomme, je te tiens pour le coup, » dit une grosse voix en retournant l'enfant sur le dos, de manière à le regarder en face.

Olivier reconnut le bonnetier ambulant qui, se trouvant de passage, avait voulu, comme tout le monde, se venger du mauvais tour qu'on lui avait joué.

« Ah ! tu viendras te moucher dans ma marchandise comme un mal-appris, et te moquer de moi devant mes pratiques.

— Voyons, soyez gentil, laissez-moi, dit Olivier.

— Oh ! que non, mon gaillard, faut pas que ce soit toujours le même qui s'amuse : mais sois

Gredin ! tu van' n'avoir si je t'attrape. (Page 265.)

tranquille, je ne te ferai pas de mal, nous allons seulement faire un petit tour ensemble.

— Tenez, marchand, j'ai de l'argent sur moi, je vais vous payer vos mouchoirs.

— Mes mouchoirs ? il y a beau jour qu'ils sont vendus.

— Qu'est-ce que vous demandez alors?

— Je demande à rire à mon tour, voilà tout ! Il y a d'ailleurs un proverbe qui dit : *Rira bien qui rira le dernier.* Je veux savoir si je rirai mieux que toi.

— Eh bien, riez-moi au nez tant que vous voudrez.... et laissez-moi partir ensuite.

— Pas de ça, mon garçon, je ne suis point égoïste, moi, je ne veux pas rire tout seul. D'ailleurs tu as amusé tout le village à mes dépens, je veux à mon tour le divertir aux tiens. Ainsi, mon bonhomme, il faut en passer par là. »

Cela dit, le marchand enleva Olivier aussi lestement qu'il eût fait d'une douzaine de mouchoirs, et le coucha au milieu de sa voiture en lui faisant un oreiller de ses cotonnades.

« Comme ça tu n'auras pas de coup de sang et tout le monde pourra t'admirer, » lui dit-il.

Ce dernier incident avait rassemblé un grand nombre de personnes qui déjà riaient à se tordre autour du patient.

« Voilà que ça commence, ce sera bien plus fort tout à l'heure, » disait le marchand. Et il se frottait les mains en regardant le pauvre Olivier, horriblement vexé.

Enfin il s'adressa à l'âne qui traînait sa voiture.

« Hue ! grain de sel ! » lui cria-t-il.

L'âne se mit en marche et le bonnetier cria aussitôt d'une voix de stentor :

« Venez tous, bourgeois et paysans, ainsi que messieurs les militaires, voir un curieux *phunomène*. C'est un enfant de douze à treize ans qui attrappe les mouches au vol et qui compte jusqu'à six sans se tromper. Il est gai comme un pinson et fait des farces à tout le monde ; il en fait des grosses et des petites à volonté. Il en fait aux bonnes femmes, il en fait aux pauvres marchands. Il est si fûté qu'il organise des tremblements de terre sous l'échoppe des savetiers de tout âge. Venez le voir, messieurs, mesdames, on ne paye qu'après avoir vu.... et cela ne coûte que la simple bagatelle de rien du tout. »

Tout le monde applaudissait en s'empressant autour du pauvre Olivier qui avait fini par fermer les yeux.

Le marchand reprit :

« Regardez-le bien, il est gentil comme un cœur ; regardez-le, mais n'y touchez pas.... *car c'est moi que je l'ai pris vivant et que je le promène à mes frais.* Je ne veux pas qu'on y touche. Holà !

père Martin ! reculez-vous et ne mettez pas votre patte noire sur le visage de mon *phunomène....* Mille bonnets de coton ! retirez-vous et calmez votre colère ou je commence un tremblement de coups de poings sur vos épaules. A la bonne heure ! faut rire, mais rien de plus. Hue ! grain de sel ! hue ! jusqu'au bout du village. »

Le pauvre Olivier fut ainsi promené pendant un grand quart d'heure au milieu des grosses plaisanteries de son conducteur et des huées de toutes les personnes qui avaient eu à se plaindre de lui. Son humiliation était au comble. Enfin, pour dernier châtiment, le bonnetier voulut le reconduire chez son père dans ce grotesque équipage.

M. Hardi eut une grande frayeur en apercevant

son fils étendu au milieu de cette boutique ambulante et escorté par plus de trente personnes. Sa première pensée fut qu'il était grièvement blessé.

Il sut bien vite ce qui s'était passé.

« Mon brave homme, dit-il alors au marchand, je vous remercie de lui avoir donné la leçon qu'il méritait depuis longtemps; j'espère qu'elle ne sera pas inutile. »

Olivier remis en liberté, se sauva chez lui, poursuivi par les rires et les huées de tous ceux qui l'avaient accompagné.

Il fut plus de huit jours sans oser reparaître dans le village.

NUL PLAISIR SANS PEINE.

NUL PLAISIR SANS PEINE

Louise et Émilie étaient les sœurs d'André et de Tony.

Louise, l'aînée, n'avait que trois ans de plus qu'André et Tony; deux jumeaux âgés de sept ans. Émilie était la cadette.

Monsieur Leprieur, un peintre distingué, était le père des enfants que nous venons de nommer. Grand travailleur il ne sortait guère de son atelier que pour jouer avec ses bambins, dont Mme Leprieur s'occupait en mère dévouée. Elle était aidée dans cette tâche par une jeune institutrice de vingt-deux ans, que l'on nommait simplement Mademoiselle.

M. Leprieur appartenait à une famille très-nombreuse, il avait en conséquence beaucoup de neveux et de nièces de l'âge de ses enfants, si bien qu'en de certains jours sa maison se remplissait de tout ce petit monde; cousins et cousines faisaient alors un tapage d'enfer.

On jouait à tous les jeux à la fois : à la main chaude, à Colin-Maillard, à la poupée, au chien qui a perdu sa queue, à la maîtresse d'école, au maître de pension, au loup qui entre dans la bergerie pour dévorer tous les moutons; ce dernier jeu était toujours l'occasion d'un grand tumulte, d'une terrible panique, tant les brebis avaient peur d'être dévorées par le loup. Il faut convenir que le personnage du loup, toujours représenté par le plus grand de la réunion, était d'autant plus effrayant qu'il s'enveloppait alors d'une belle peau d'ours qui servait ordinairement de tapis.

C'étaient là les divertissements habituels; mais comme les vacances de Pâques approchaient, M. et Mme Leprieur avaient songé à donner une grande fête de famille. M. Leprieur consentit même à la donner dans son atelier qui était très-spacieux, seulement comme la circonstance était exceptionnelle, on envoya des lettres de convocation aux jeunes invités qui devaient pour être admis à la réunion, se soumettre à certaines conditions.

Ces conditions variaient, bien entendu, selon l'âge et le sexe des enfants; mais elles se terminaient toutes par ce proverbe :

Nul plaisir sans peine.

Une petite note instruisait les enfants qu'après la fête on les conduirait au Cirque pour leur montrer les éléphants savants qui se tenaient sur deux jambes; tantôt sur celles de devant et tantôt sur celles de derrière, et de plus jonglaient avec leur gardien comme avec un peloton de fil.

Le jour de la fête arrivé, M. et Mme Leprieur s'occupèrent de transformer l'atelier en salle de bal. Ils reculèrent quelques statues, mirent les tableaux hors de portée, et rangèrent les chevalets dans un coin, ce qui laissa un grand espace à la disposition des danseurs.

Puis comme ce bal devait avoir lieu en plein midi, on couvrit tous les vitrages d'une épaisse tenture afin de pouvoir substituer l'éclat des bougies à la lumière du jour; l'éclairage artificiel étant en pareil cas beaucoup plus gai que l'autre.

M. et Mme Leprieur s'étaient enfermés pour dérober ces importantes dispositions à la vue de leurs enfants, laissés pendant ce temps à la garde de Mademoiselle.

Ils étaient les seuls auxquels on ménageait ce bal comme une surprise.

Ils avaient d'ailleurs avant tout chacun sa tâche à remplir. Celle de Louise et d'Émilie consistait en un certain nombre de mouchoirs à marquer, celle des deux frères en deux belles pages de bâtons, point de ces bâtons qui vont en tous sens comme des soldats à la débandade, mais de ces beaux bâtons bien alignés, bien pareils, en un mot, des bâtons perfectionnés.

Or, c'était toujours une grosse affaire pour André et pour Tony, que d'exécuter de ces bâtons; à ce point qu'ils avaient bien des fois déclaré qu'on exigeait d'eux une chose impossible.

Cependant comme on devait en récompense de cette tâche les conduire tous au cirque, les deux frères résolurent de faire ce qu'ils avaient par paresse, il faut bien le reconnaître, déclaré impossible.

Louise et Émilie travaillaient volontiers et l'on était bien certain d'avance que leur tâche serait faite.

Les quatre enfants s'étaient donc installés d'eux-mêmes autour d'une grande table.

Mademoiselle s'était assise dans un fauteuil, auprès du feu, et lisait attentivement nous ne saurions dire quelle histoire.

Cette jolie chambre bien chauffée, bien éclairée,

ces quatre enfants se disposant gaiement au travail, cette jeune fille qui lisait, présentaient un
gracieux tableau d'intérieur.

André et Tony s'étaient déjà penchés sur leur
papier pour s'occuper du grand travail qu'on exi-

geait d'eux, pendant que Louise et Émilie se tenaient les yeux consciencieusement baissés sur
leur ouvrage.

Tout allait pour le mieux, et le plus incrédule
eût gagé que pas un de ces enfants ne se lèverait de
table sans avoir accompli sa tâche.

Mademoiselle qui interrompait souvent sa lecture pour surveiller ses élèves, reportait chaque

fois ses yeux sur son livre avec une satisfaction visible.

Tony avait déjà confectionné pour son compte une vingtaine de bâtons assez présentables et André en avait fait autant.

C'était un beau commencement et tous deux semblaient en être fiers.

Puis bientôt, comme si ce premier effort nécessitait un peu de repos, ils se montrèrent leur travail,

et finalement se regardèrent en dessous en se faisant mille grimaces.

Nul plaisir sans peine, dit tout à coup Mademoiselle qui les surprit dans cette laide occupation.

Les deux jumeaux rappelés à l'ordre se hâtèrent de reprendre leur travail.

Mais au bout de quelques minutes au plus, ils commencèrent à se taquiner à coups de porte-plumes, à se pousser du pied sous la table, à se tirer par leurs vêtements, tout cela accompagné de rires mal étouffés.

« Nul plaisir sans peine, répéta Mademoiselle.

— C'est Tony qui ne veut pas me laisser tranquille, dit André.

— Monsieur Tony ! fit Mademoiselle.

— Mademoiselle, c'est plutôt André, répliqua Tony ; il cherchait tout à l'heure à fourrer son pied dans la poche de mon pantalon.

— Monsieur André, c'est bien vilain.

— Eh bien, puisque c'est comme ça, dit André, je vais aller me mettre entre Louise et Émilie.

— A la condition que tu nous laisseras travailler, dit Émilie.

— Je serai très-tranquille, vous verrez. »

Les deux sœurs firent place à André.

Celui-ci déménagea aussitôt avec son cahier et sa plume.

Il n'y eut que l'encrier qu'on plaça d'un commun accord au milieu de la table, afin qu'il fût possible à chacun d'y puiser à son tour.

Il y eut un nouveau moment de silence, et une velléité de travail de la part d'André et de Tony ; mais cela ne dura pas longtemps.

Tony qui venait d'ajouter quelques bâtons assez mal réussis à ses premiers bâtons, posa sa plume pour faire une grande cocotte en papier, qu'il décora d'une paire de moustaches ; la cocotte à moustaches était de son invention, et il en était très-glorieux.

André, de son côté, achevait d'enfouir son nez dans un long cornet pointu, et, ses deux poings sous le menton, attendait l'effet que ce bizarre ornement produirait sur son frère.

Tony qui levait en ce moment les yeux sur André pour lui faire passer sa cocotte, poussa un éclat de rire :

« Ah ! quel nez ! s'écria-t-il.

— *Nul plaisir sans peine*, répéta pour la troisième fois Mademoiselle.

— Mais, Mademoiselle, fit André....

— C'est bien, c'est bien ; seulement je vous préviens que vous n'irez pas au Cirque voir les Éléphants, si vous ne vous occupez pas de faire votre tâche.

— Je vais la finir, ma tâche, et j'irai voir les gros *Léphants*, dit Tony.

— Et moi aussi, » dit André.

Et les deux frères se remirent au travail.

Par malheur Mademoiselle qui avait fini la lecture de son volume, passa dans une autre pièce pour en chercher la suite. Cela ne dura que quelques minutes, mais ce peu de temps suffit aux deux frères pour monter sur un canapé et y danser un pas de leur composition, et tout en chantant le couplet suivant qu'ils improvisèrent :

Nous irons voir les gros *léphans*,
Léphans, léphans, léphans
Avec maman, maman, maman,
Avec maman.

« Eh bien, eh bien, que faites-vous messieurs ? » s'écria Mademoiselle qui s'était hâtée d'accourir au bruit.

André et Tony par trop lancés continuèrent leur danse, en criant et en gesticulant plus fort.

« Messieurs ! voulez-vous bien vous taire et descendre de ce canapé, » reprit Mademoiselle.

Et comme les enfants refusaient d'obéir, Mademoiselle les saisit l'un après l'autre pour les mettre sur le parquet. Mais pendant qu'elle était occupée de l'un, l'autre remontait sur le meuble pour recommencer sa danse et son chant.

Cela durait depuis cinq minutes et Mademoiselle était à bout de forces et de patience.

« Eh bien, faites, messieurs ! je le dirai à votre mère, s'écria-t-elle enfin.

— Non, non, Mademoiselle, il ne faut pas le dire à maman ! — N'est-ce pas que vous êtes trop gentille pour nous faire gronder ? »

Et ils se pendaient après elle d'un air suppliant.

« Continuez votre travail et nous verrons, » répondit Mademoiselle.

Les deux jumeaux regagnèrent leur place à cloche-pied et en chantant à mi-voix :

Nous irons voir les gros léphans.

Mademoiselle reprit sa lecture.

Louise et Émilie plus raisonnables que leurs frères, n'avaient pas un seul instant interrompu la marche de leur aiguille, et leur tâche était à peu près terminée.

André et Tony s'étaient de nouveau penchés, la plume à la main, sur leur papier, mais il était aisé de voir que ce dernier effort ne les mènerait pas loin, car ils se regardaient à chaque instant pour échanger des grimaces très-variées, c'était à qui ferait la plus belle.

Tout à coup André leva lé nez sur Tony pour lui faire part d'un tortillement de bouche et d'un clignement d'yeux très-remarquables qu'il venait d'imaginer.

Tony avait subitement disparu. Il devait être sous la table, et André qui voyait commencer un nouveau jeu, se baissa pour chercher son frère dont l'intention probable devait être de lui pincer les mollets.

Tony n'était pas sous la table. André se laissa

glisser de sa chaise et s'en alla à quatre pattes à la recherche de son frère ; mais il ne le trouva point dans la chambre.

« Où êtes vous donc, André et Tony ? » dit Mademoiselle dès qu'elle s'aperçut de la disparition des deux enfants.

Personne ne répondit.

Louise et Émilie travaillaient toujours en silence.

Mademoiselle, assez inquiète, se leva pour se rendre compte de ce qui se passait.

Nous avons omis de dire que la salle d'études n'était séparée d'une petite galerie qui conduisait à l'atelier de M. Leprieur que par une portière en tapisserie.

Tony l'avait soulevée et avait passé de l'autre côté en se traînant sur les genoux. Sa première idée avait été de se cacher dans un coffre à bois, et là, d'imiter tour à tour le chant du coq et les miaulements d'un chat au désespoir ; deux choses qu'il avait étudiées à fond, mais il en avait été distrait par le bruit inusité qu'on faisait dans l'atelier de son père.

André l'avait suivi.

Mademoiselle qui s'était rendue à son tour dans la galerie, les trouva tous deux l'oreille collée à la porte de l'atelier qui, contre l'ordinaire était fermée à clef.

« Que faites-vous là? leur dit-elle sévèrement.

— Écoutez donc ce grand bruit, Mademoiselle, dirent les enfants pour toute réponse. Qu'est-ce que cela signifie?

— Cela ne vous regarde pas; allons, retournez à

votre travail qui ne sera jamais terminé à temps, et Mademoiselle ramena les deux bambins dans la salle d'étude.

— Et si c'étaient des voleurs venus pour prendre les tableaux de papa! s'écria André d'un air inquiet.

— Si ce sont des voleurs on les mettra en prison, ainsi ne vous en inquiétez pas davantage.... et tâchez de travailler plus sérieusement.

— Nous avons fini ! dirent en ce moment Louise et Émilie en quittant leurs places.

— Eh bien, allez mes enfants, » répondit Mademoiselle. »

André et Tony regardèrent leurs sœurs d'un œil d'envie.

« Vos sœurs ont fait leur tâche, » fit observer Mademoiselle pour répondre à ce regard.

Louise et Émilie remontèrent chez elles par un petit escalier situé au fond de la salle. Mademoiselle les suivit après avoir fait une dernière recommandation aux deux frères.

André et Tony, sans y avoir égard, ne furent pas plutôt seuls qu'il retournèrent à la porte de l'atelier, tant leur curiosité était en éveil.

Ils entendirent des voix qui se mêlaient au bruit que fait un grand déplacement de meubles.

Les deux jumeaux étonnés se regardèrent.

« Je voudrais bien savoir ce qu'on fait dans l'atelier de papa, dit Tony.

— Et moi aussi ; mais comment s'y prendre.

— Je ne sais pas, puisque c'est fermé. »

Ils en étaient là, lorsque la porte s'ouvrit brusquement sur eux.

Ils se reculèrent vivement.

Un domestique parut et referma aussitôt la porte derrière lui.

« Dites donc, François, qu'est-ce qu'on fait donc dans l'atelier de papa?

— De bien belles choses, monsieur André, » répondit brièvement le domestique qui avait reçu l'ordre de se taire et il passa outre.

André et Tony désappointés retournèrent dans la salle d'étude pour consulter ensemble sur ce qui leur paraissait de plus en plus singulier; mais leur conférence n'eut aucun résultat.

« Viens donc voir! » s'écria tout à coup Tony qui avait écarté les rideaux de la fenêtre pour regarder dans la cour.

André s'élança au premier appel de son frère.

« Tiens! s'écria-t-il, des voitures qui arrivent.

— Et tous ces pâtissiers! les vois-tu, reprit Tony en battant des mains.

— C'est vrai.

— Et la tante Julie qui amène nos cousines!

— Et l'oncle Tancrède avec nos cousins!

— Bon! voilà Ferdinand avec son père et la petite Marguerite.... Oh! quelle est gentille avec sa robe blanche!

— Et Gabrielle!

— Et Émile!

— Et Jeanne!

— Et Héloïse!

— Et Madeleine !

— C'est une surprise qu'on a voulu nous faire ;
allons-nous nous amuser ! Et Tony battait des
mains et trépignait de joie.

— Oui, nous allons rire ! »

Les deux jumeaux se mirent à faire des gambades de satisfaction.

« Eh bien, messieurs, toujours à ne rien faire !
Après tout, cela vous regarde, » dit Mademoiselle
qui rentrait avec Louise et Émilie.

Les deux sœurs apparurent dans leur plus belle
toilette.

André et Tony les regardèrent en souriant ; ils
avaient l'air de leur dire :

« Oh ! nous savons bien ce que cela signifie. »

Un assez grand mouvement se fit alors dans la
pièce voisine, et la porte de l'atelier, qui semblait
attendre ce signal, s'ouvrit à deux battants.

Louise, Émilie, André et Tony poussèrent un cri
d'admiration ; l'atelier resplendissait de lumières,
et plusieurs tables qui en occupaient le fond étaient
chargées de gâteaux, de bonbons, de cédrats, d'o-
ranges, de fruits confits, de crèmes et de sucreries.
Les quatre enfants voulurent s'élancer tous ensemble dans l'atelier.

Mademoiselle les retint.

« Vous entrerez à votre tour, » leur dit-elle.

Au même instant une troupe de petits garçons et

19

de petites filles, très-coquettement vêtus et riant à pleine gorge, déboucha pêle-mêle dans la galerie qui précédait l'atelier.

Il y en avait de tous les âges, depuis trois ans jusqu'à quatorze; de toutes les couleurs, depuis le blond pâle jusqu'au noir le plus foncé.

Tous ces petits bonshommes, toutes ces petites bonnes femmes s'écrièrent à la fois:

« Bonjour, Louise! bonjour, Émilie! bonjour, André! bonjour, Tony! »

Ces quatre derniers se mêlèrent immédiatement à la foule des nouveaux venus pour les embrasser et échanger avec eux mille témoignages d'amitié.

Ce fut pendant cinq minutes un débordement de joie qui faisait plaisir à voir.

« Allons-nous nous amuser! » s'écriaient André et Tony en faisant leurs plus belles gambades, et ils ajoutaient:

« Nous irons voir les gros léphants!

— Silence! s'écria tout à coup M. Leprieur.

— Mettez-vous deux par deux, les garçons à droite, les filles à gauche, et présentez vos billets! poursuivit Mme Leprieur.

— Présentez vos billets! répétèrent André et Tony avec un fou rire.

— Oui, présentez vos billets! car on n'entrera pas sans billets, reprit sérieusement Mme Leprieur.

— On n'entrera pas sans billets! » répétèrent

Il y en avait de tous les âges. (Page 290.)

André et Tony, convaincus que leur mère faisait une plaisanterie.

Aussi leur étonnement fut-il grand lorsqu'ils s'aperçurent que tous les invités tenaient quelque chose à la main. Les garçons un rouleau de papier, les petites filles un travail de broderie, de couture ou de tapisserie.

M. Leprieur se tenait à la porte du côté des garçons, et Mme Leprieur du côté des filles.

Ils étaient là tous deux comme à un contrôle de théâtre.

« Très-bien, mon ami, tu peux entrer, dit M. Leprieur au premier qui se présenta en lui soumettant un dessin.

— Passe, ma chère Madeleine, dit à son tour Mme Leprieur à une petite fille de cinq ans qui s'était avancée vers elle en tenant un canevas à la main.

— Entre, Félix, reprenait M. Leprieur en s'adressant à un gros garçon qui lui montrait fièrement une belle carte de géographie faite avec le plus grand soin.

— Très-bien brodé, ma petite Valentine, entre au bal, » poursuivait Mme Leprieur.

Et ainsi de suite.

Tous les jeunes invités exhibaient le travail qu'on avait exigé d'eux en payement du plaisir qu'on allait leur procurer. Jusqu'au petit Frédéric qui, à défaut de travail, montrait ses mains pour prouver qu'il avait renoncé à la vilaine habitude de se ronger les ongles; jusqu'à la petite Marguerite qui fit

voir naïvement son pouce pour fournir la preuve qu'elle ne le tétait plus depuis huit jours.

Vint le tour de Louise et d'Émilie, qui présentèrent les mouchoirs qu'elles venaient de marquer, et entrèrent au bal à la suite des autres.

Il ne restait plus à la porte qu'un enfant de onze ans, nommé Édouard, et enfin André et Tony.

« Montre-nous vite l'échantillon de ton style épistolaire, dit M. Leprieur à Édouard.

— C'est, mon oncle, que j'ai eu trop de devoirs à

faire cette semaine pour écrire la lettre que vous m'aviez demandée.

— On a toujours le temps, en huit jours, d'écrire une lettre.

— Mais, mon oncle, puisque je ne l'ai pas eu.

— J'en suis bien fâché, mais tu resteras à la porte. »

Et M. Leprieur s'adressa à ses fils :

« Vous, au moins, vous ne me direz pas que vous avez manqué du temps nécessaire pour faire la tâche que je vous ai donnée. Où est-elle ?

— Papa, elle est restée sur notre table, balbutia André.

— Allez me la chercher. »

Les deux frères allèrent, l'oreille un peu basse, chercher le beau travail que nous leur avons vu faire.

« Voilà, papa, dirent-ils un peu inquiets.

— Ah ! voilà qui est joli ! deux lignes de bâtons ! Et quels bâtons ! Tous bossus ! sauf les premiers. C'est bien, mes enfants, vous resterez à la porte. »

Mademoiselle, qui s'était avancée, prit la parole :

« J'ai plusieurs fois averti ces deux messieurs, dit-elle, mais ils ont persisté à se taquiner, à se faire des grimaces.

— Cela suffit ! *Nul plaisir sans peine* ; vous vous le rappellerez une autre fois, » dit M. Leprieur.

Édouard fit la grimace, André et Tony se mirent à sangloter.

« Vos pleurs ne m'attendriront pas, d'abord il est utile que vous soyez enfin punis de votre paresse, de votre mauvaise volonté. »

Cela dit, M. et Mme Leprieur entrèrent dans le bal et en refermèrent la porte au nez des trois paresseux qui se regardèrent tout penauds.

Le bal commença aussitôt.

« Ils s'amusent, eux, dit André en continuant de larmoyer.

— Ils vont manger des gâteaux, ajouta Tony.

— Et de bonnes crèmes, reprit Édouard qui n'était pas moins gourmand que Tony.

— Et ils iront voir les gros léphants sans nous,
fit André en poussant de gros soupirs.

— C'est ta faute, car c'est toi qui as commencé à
me taquiner, sans ça j'aurais fait ma page.

— Si on peut dire.... quand c'est toi qui m'as
d'abord chatouillé l'oreille avec ton porte-plume.

— Taisez-vous donc, car après tout c'est bête de
pleurer et de se disputer comme ça ... J'ai une
idée, moi.

— A quoi ça peut-il servir, une idée? répondit
André avec dépit.

— Vous allez le voir : Mon oncle m'avait demandé de lui écrire une lettre pour mon droit
d'entrée au bal, et à chacun de vous il avait demandé une page de bâtons.

— Après, dit André.

— Eh bien, il faut vite faire notre tâche et lui
ôter ainsi tout prétexte de nous laisser à la porte.

— Au fait, dit André, ce n'est pas grand'chose
après tout, qu'une page de bâtons.... et je les fais
très-bien quand je veux.

— Et moi aussi, dit Tony.

— Moi, j'aurai fait ma lettre avant une demi-
heure, et un peu bien tournée encore, dit Édouard.

— Et moi ma page, reprit André.

— Et moi la mienne, » dit Tony.

Les trois cousins qui, cette fois, s'étaient mis à
travailler sérieusement, sans quitter leur plume

d'une seconde, se levèrent de table au bout d'une demi-heure, comme ils l'avaient annoncé.

Leur tâche était faite et parfaite.

La musique et les exclamations joyeuses qui s'échappaient de la salle de bal n'avaient fait que les exciter au travail.

« Laissons un peu sécher notre écriture, » dit Édouard.

L'écriture fut bientôt sèche.

« Si on n'allait pas vouloir nous ouvrir maintenant? fit observer Tony.

—Venez et laissez-moi faire, » répondit Édouard qui, plus âgé que ses cousins, avait tout naturellement plus de malice.

Ils traversèrent la galerie qui conduisait à l'atelier. Édouard, qui précédait ses cousins, frappa hardiment à la porte.

Personne ne vint ouvrir.

Il frappa plus rudement que la première fois.

On n'ouvrit pas davantage.

Édouard ne se lassa pas et recommença à frapper plus vigoureusement encore, mais sans plus de résultat.

Il y avait évidemment parti pris de ne point leur ouvrir.

« Vois-tu ce que je disais? dit Tony.

— C'était bien la peine de tant nous dépêcher, ajouta André.

— Vous êtes toujours prêts à gémir, vous autres, répondit Édouard impatienté.

— Avec cela que c'est gai de rester là pendant que les autres s'amusent, dit André.

— Et mangent des gâteaux, ajouta Tony.

— Sois tranquille, gros goulu, tu vas en manger.

— Oui, à travers la porte, répliqua Tony.

— Non, non, tu en mangeras comme tout le monde; mais nul plaisir sans peine, comme dit mon cher oncle.

— Moi, je vois bien que je n'en mangerai pas, reprit Tony d'un air désolé.

— Vous avez bien dans vos jouets des trompettes, des tambours, des *petites musiques* enfin, reprit Édouard sans daigner répondre davantage à ses cousins.

— Nous en avons de reste, répondit André.

— Eh bien, allez les chercher.

— Pourquoi faire ? dit Tony.

— Allez les chercher. »

André et Tony revinrent bientôt avec les instruments demandés, c'est-à-dire avec une trompette, une crécelle et un tambour.

Édouard reprit :

« Tony, prends le tambour, toi André, prends la crécelle; moi je vais jouer de la trompette, et vous verrez bien si l'on ne se décide pas à nous ouvrir.

Allons, accompagnez-moi, et le plus de bruit possible. »

Et sur ce, Édouard emboucha sa trompette, André fit aller sa crécelle à tour de bras, et Tony frappa
sur son tambour de manière à le crever.

Édouard avait deviné juste, car cet affreux chari-

vari ne se fit pas plus tôt entendre que les petits
danseurs s'arrêtèrent tout court, en même temps
que le piano qui leur servait d'orchestre.

M. et Mme Leprieur ouvrirent brusquement la
porte de l'atelier.

Les trois musiciens continuèrent de plus belle.

« Voulez-vous bien vous taire ! s'écrièrent M. et
Mme Leprieur en se bouchant les oreilles.

— Dame, mon oncle, vous ne vouliez pas nous ouvrir, dit Édouard.

— Pourquoi n'avez-vous pas fait votre tâche? paresseux que vous êtes!

— Il y a longtemps qu'elle est faite, notre tâche, ma chère tante; regardez plutôt. »

Et Édouard présenta la lettre qu'il adressait à son oncle, tandis qu'André et Tony se hâtaient de montrer leurs deux pages de bâtons de première qualité.

« Voyons un peu ton style, dit M. Leprieur en s'emparant de la lettre d'Édouard qui contenait ce qui suit :

« Mon cher oncle et ma chère tante,

« Nul plaisir sans peine.

« Notre peine, à mes cousins et à moi, est de vous avoir déplu par notre paresse, et notre plaisir de penser que vous serez assez bons pour nous pardonner.

« Votre neveu respectueux, affectueux et dévoué

« ÉDOUARD. »

M. Leprieur replia la lettre d'Édouard et se mit à examiner les deux pages de bâtons.

« Allons, ce n'est pas trop mal; ça vient seulement un peu tard.

— Dame, mon oncle, c'est le concert qui nous a

retardés, les instruments ne pouvaient pas se mettre d'accord, répondit Édouard en riant.

— Joli concert que le vôtre; mais n'en parlons plus, » répondît M. Leprieur en livrant passage aux trois musiciens, à la condition expresse qu'ils laisseraient leurs instruments au vestiaire.

Ce renfort de danseurs ne fit qu'ajouter à l'animation du bal qui avait recommencé immédiatement.

Édouard, André et Tony exécutèrent des pas et des gambades qui n'étaient pas toujours d'accord avec la musique, mais qui n'en faisaient pas moins l'admiration de leurs petits camarades.

Tony brouillait particulièrement toutes les figures tant il était préoccupé de la pâtisserie et autres friandises dont on avait surchargé plusieurs tables; mais la collation qui suivit bientôt le calma à ce point qu'il refusa un éclair au café que la petite Marguerite, qui n'en voulait plus, vint lui offrir très-gracieusement. Il est bon de dire que, pour sa part, Tony en avait déjà avalé plus d'une douzaine.

« Allons, mes enfants, apprêtez-vous pour aller au Cirque, » dit tout à coup Mme Leprieur.

Les enfants répondirent à cet appel par mille exclamations joyeuses. Puis il y eut un moment de confusion pendant lequel ils cherchèrent leurs chapeaux, leurs pelisses ou leurs par dessus.

Tony brouillait particulièrement toutes les figures. (Page 302.)

Enfin ils se précipitèrent dans l'escalier, et bientôt après dans les voitures qui les attendaient en bas.

André et Tony tenaient la tête de la petite troupe et chantaient à étourdir tout le monde :

« Nous allons voir les gros éléphants ! »

TABLE DES MATIÈRES.

FIN DE LA TABLE.

8301. — Imprimerie générale de Ch. Lahure, rue de Fleurus, 9, à Paris.